大学生就业创业典型经验系列丛书

ZHI CHANG FA DA REN

FA DA BI YE SHENG ZHI CHANG FA ZHAN SHI LU

职场法大人

法大毕业生职场发展实录

中国政法大学学生就业创业指导服务中心　组编

中国政法大学出版社

2018·北京

本书编写组

主　编：解廷民

副主编：徐　庆

成　员：陈　璐　　吴岳翔　　张本明
　　　　刘梦奇　　姜晓琳　　何立丹

编写说明

　　"大学生就业创业典型经验"系列丛书由中国政法大学学生就业创业指导服务中心/创业学院组织编写，目前已完成两部。第一部《求职初体验》，关注的是法大学子的初次求职体验，讲述毕业生初次求职过程中的经历与感悟；第二部《创业故事汇》，关注的是我校已经开始实施创业项目的创业团队，讲述法大学子的创业实践典型案例；《职场法大人》是该系列丛书的第三部，也是收官之作。

　　《职场法大人》旨在通过访谈毕业五到十年的法大毕业生，讲述他们在工作过程中的经历与感悟，让法大在校学生从他们身上发现职场人的能力素质要求，也帮助他们探索未来的职场生态，从而为自身职业生涯规划和就业准备打下基础。为使本书内容更具代表性及参考价值，我们在案例选择上挑选来自不同院系、不同专业的毕业生，力求他们的就业地域覆盖更有代表性，既有北上广等一线城市，又有西部基层地区；从业行业涵盖法律、教育、互联网、房地产、通信、咨询等诸多领域，尤其关注在基层岗位、中小企业及国际组织有过任职经历的毕业生。

　　根据被访者就业单位性质的不同，本书在体例上分为公务员篇、企业篇、律所篇以及国际组织篇四部分，其中国际组织

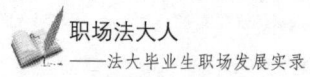
篇的文章《以西方为镜 可以博众长——访宜昌市财政局国际科彭精博》讲述的是一名公务员在国际农业发展基金总部实习半年的所感所悟,是特意从公务员篇提取出来,旨在让更多学生了解到国际组织实习的路径选择及面临的障碍。

希望这本书能够在职业生涯发展规划方面给予政法院校在校大学生启发,也给即将踏上工作岗位却依然迷茫的职场新人的职业发展有所帮助。

编写委员会
2018 年 11 月 16 日

目 录

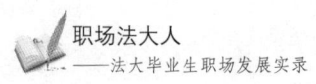

■…………■ 企业篇

■·········■ 律所篇

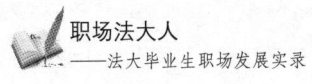
■·········■ 国际组织篇

公务员篇

我的国考之路

——访北京市昌平区国税局张彤辉

【人物简介】张彤辉，女，中国政法大学商学院 2007 级经济学专业本科生，目前就职于昌平区国家税务局纳税服务科。

　　2011 年 11 月，正复习考研的张彤辉抱着试试看的心态参加了国家税务局的公务员考试。考研的当天下午，她得知了自己进入国考面试的消息，坚持完成第二天的考试之后，开始全力

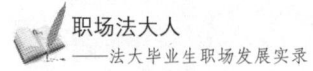

准备面试。次年 3 月初，公务员面试结果公布，张彤辉成功考上了自己理想的岗位，便放弃了研究生复试，正式踏入职场。

如今，她回望自己这五年税务机关的职场生涯，有成长，有感悟，也有小遗憾。作为师姐，她耐心而详细地分享着这五年的收获，揭开了"国家税务局公务员"的面纱。

国税的日常

彼时作为本科生的张彤辉，能够报考的国家公务员岗位很少，因为大多数国家部委要求研究生学历，而税务系统对于学历要求不严，并且选招的人数相对较多，保险起见，她选报了昌平区国税局。

国税局属于垂直管理单位，从国家税务总局到北京市国家税务局再到昌平区国家税务局实行纵向管理，分为业务科室、政工科室以及管理所。

张彤辉介绍，就昌平区国税局而言，不管报考的是国税机关什么部门，通过国考之后统一在办事服务大厅工作，和纳税人实际接触，负责一些具体事务，如企业购买发票、纳税申报等几十项业务。

由于机关内每年都会引进新人，一到两年会进行更替，故而他们有机会从办事服务大厅分配到其他的部门去。一般而言，年轻人会被分配到科室类部门：业务科室是针对不同的国家税种（如企业所得税、增值税等）而设置的部门；政工科室主要负责党建工作、财务工作等。也有一部分会分配到下属管理机构，属于税务部门的派出机构，不同辖区的管理所负责区内企业的日常税务管理。

张彤辉目前所在的是纳税服务科，主要负责处理服务投诉、宣传工作以及企业的纳税信用级别评定，并负责维护昌平区国税局的微信平台。

从服务大厅到科室

从服务大厅到科室，是一个年轻人被选择的过程，职位空缺的科室领导会根据日常的工作情况进行择优选择。

"年轻人在基层办事大厅，需要用自己的表现赢得别人的注意。"张彤辉坦言，税务机关每年都要引进很多大学生，除非学习税务相关专业或者财会专业，否则一开始大家都站在同一起跑线上。从零开始，考验的是每个人接受新知识的能力和工作态度，一点一滴慢慢积累，一两年之后，人与人之间便会形成鲜明的对比。

"你要巧妙地工作"，张彤辉娓娓道来，"首先你不能让自己毫无特点。办事服务大厅日常性工作是系统操作，难度较小，要在繁琐的事务中脱颖而出不容易，故而需要擅于发现日常工作之外的事情。"

张彤辉的优点体现在她搜集问题与总结问题的能力中。工作中遇到问题时，她擅于举一反三，擅于思考问题背后的连带问题、解决方式是否适合其他问题。一天结束后，她会对工作问题与解决方式进行总结，并做一个相应的提示，在每天的总结早会上给大家分享，或者向大厅分组组长反馈报备。

除了工作能力之外，张彤辉认为工作态度也非常重要。工作态度可以体现在工作的时长上，也就是在别人休息和娱乐的时段里仍在工作；也可以体现在效率方面，可以用更少的时间完成和其他人相同的工作量。"在工作中，你只要找准你某一方面的特色就行了。"张彤辉属于效率很高的那一类型，每天都会有固定的休息时间，但是在工作时间内非常严肃认真、拼尽全

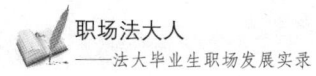
力。她会合理安排工作时间，工作量也不比别人少。

凭借着积极的态度和过人的能力，张彤辉顺利地进入了纳税服务科。

工作与读书

不同类型的公务员岗位在提拔方面也有着不同的模式，有着一定的差异。张彤辉介绍，通过国考进入税务系统之后便是确定科员待遇，只有在单位工作四年以上才有资格参与副科长竞争。税务系统竞争激烈，工作人员相对而言比职位要多很多，并且参与竞争的职位是实职，需要承担相应的责任，压力较大。同样地，只有实职中有多余的岗位空出来，才有机会参与竞选，可以说这是一个漫长的过程。

在内部提拔过程中，研究生学历是一个"加分项"，曾经放弃研究生面试的张彤辉坦言"自己有些后悔"。为了不断充实自己，她参加了MPA（公共管理硕士）的考试，顺利考取后，开始了自己在清华公管MPA的学习生涯。

新的学习历程给了张彤辉很多启发，通过各个岗位同学的经历了解到了不同部门的工作日常，能够与同学们交流经验，而课堂中老师所介绍的知识也很多都能联系到日常工作。她最近在学习领导力的课程，关于如何做危机管理、如何进行公共政策分析、分析目前国家一些重大决策。她将这些知识与工作实践相结合，既能加深对于知识的理解，又有利于工作的进一步提升。

诚然，张彤辉在读MPA的过程中也遇到了一些困难，目前边工作边学习的状态让她感觉有些疲惫。清华的老师非常严谨，对于考勤非常严格，当周末的课程与加班冲突时，她有着些许无奈。除此之外，MPA课程的课堂参与度要求很高，每门课都有小组讨论、案例分析等需要准备，所以她每晚回家都在赶着完成各类作业。两年内，除了寒暑假，她的每个节假日都安排着课程，完全占据了休息时间。"周末的疲惫会影响周一到周五的工作状态，周一到周五的加班又会影响周六周日上课的状态"。这样高强度连轴转，她觉得自己的精力很难保证，不管上课还是上班，整个人都比较疲惫，很难集中精力去工作或学习。而如果要想深入研究一些问题，需要大量的时间阅读与思考，但受时间精力所限，她很难做些更深入的研究。

她坦言，虽然在职研究生的学历会对工资水平有一定影响，在升职时可以作为参考，但是第一学历仍是本科，社会认可度相较于全日制研究生略低，并且 2016 年新入学的研究生是最后一届毕业证上不表明非全日制的学生，这也意味着日后"在职研究生"的学历会面临着更大的挑战。

"所以要想留在北京参加国家公务员的考试，最好先把研究生读完。"张彤辉建议道。

职场经验谈

虽然目前学习工作很繁忙，事务性工作很多，但是张彤辉的心情始终是愉快的，这归因于她能远离职场中的勾心斗角，并且所付出的努力得到了领导、同事的认可。在处理人际关系方面，张彤辉有着自己的心得。

她坦言，工作之后不是所有的人都会像学生时代那样真诚与无障碍地交流，工作中会遇见不同年龄层次不同背景的人，故而在与人交往时需要多加小心，因为不知道哪句话会被人误会，也不知道哪句话会让人不满意。

对于处理职场中的人际关系，她总结出五点原则：首先，永远不要背后议论他人。因为我们永远无法想象和预测单位中流言蜚语的传播速度。其次，要把自己的位置摆低一些。不管是对待领导还是对待前辈，一定要报以非常尊重的态度。对后辈也应一样，不要因为进单位的时间早、年龄大，就有一种居高临下的心理。第三，要有自己的"朋友圈"，要有可以信任的同龄人。遇到困难时他们能听你倾诉，为你出谋划策、排忧解难。第四，一定要真诚，因为一个谎言往往需要无数个谎言来圆，在职场中应当实事求是，不懂的情况下不能编谎话装懂。最后，要修炼自己的内心，让自己的内心足够强大。在职场中难免受委屈，有些时候是工作上的事情，有些时候来自于你的同事与领导。当你受到批评时，可能是你真的做得不够好，有的时候也会是误会抑或因为领导的负面情绪导致的。遇见这些情况时，一定要保持理性，表现出自我涵养，主动握手言和。

除此之外，注重日常的积累也是税务机关工作人员的素质要求。税务系统相比其他岗位而言工作量更大，因为一方面会与许多企业直接接触，另一方面国家的税收政策数量多而且变化快，知识需要随时更新，必须不断学习以适应新的政策。学习新知识不能只局限于一堂课或一次培训，而需要在日常生活与实践中多多积累，只有实际做了，才能在心里留下深刻的印象。

日常积累的重要性也体现在创造力中，创造力是执行力与责任心之外一个很重要的能力。"我们领导经常说，要带着脑子工作。"张彤辉坦言，目前大家都想争一个创新，但是任何人都不可能凭空想出很好的点子，所以需要在日常生活中多去积累，从别人的经验中迸发出自己的灵感。比如现在计划建一个数据平台或者指挥平台，需要发挥创造力去构想平台的内容，而这样的灵感其实可以通过浏览相关刊物、新闻报道来借鉴其他地区的经验，在这个基础上提出具有可操作性的方案。

工作近五年的张彤辉在税务机关中慢慢成长，她的岗位从叫号办事的服务大厅到独立策划活动的科室，她也从一个不了解、不熟悉工作岗位的大学生转变为一个执行者与策划者。让她印象最深的是不久之前与银行一起举办的针对 A 级企业信用融资贷款活动，这个活动从签约到活动后续都由她一人负责，需要考虑方方面面的问题，对她而言是挑战，更是锻炼。在这过程中，她不只从培训中习得了很多业务知识与技能，更是从前辈、同事身上学会了更完善的工作方式，责任感也不断提升。"要学会挑战自己，并且向身边的人学习，这算是一个小小的职场生存之道吧！"

张彤辉的公务员之路算是"无心插柳"，彼时全力准备考研的她几乎没怎么复习便上了"国考"的考场。回顾这五年的工作历程，结合自身的经验，她给想进入税务系统的师弟师妹们提供了一些建议。

国考的行测考的大多是常识，属于积累性的知识点，她认为若要系统复习，时间成本略高。但是申论需要着重复习，因为日后的公文写作与申论的写作方式如出一辙。写作能力对于公务员而言非常重要，"干得好不如写得好，写得好不如说得好"是广为流传的一句话。在工作岗位中，首先需要有能力做一件事；其次需要总结、提炼与挖掘这件事的亮点在哪，用简短精炼的语言写出来；最后需要能汇报出来。公文写作的小标题一定要亮眼，用词要规范，与大学的论文写作方式完全不同，所以需要较为系统的训练。

公务员的面试对于她而言较为陌生，没有过多面试经验的她选择参加了面试的培训班，在封闭的培训班中进行大量的模拟，对于她熟悉面试流程、规则能有着比较显著的提升效果。

税务系统中有政策法规部门为单位解决一些行政诉讼问题。

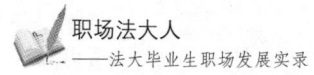

这一部门的招聘主要针对法学同学，并且一般都会更欢迎法大毕业的同学，所以如果要进入这一部的专业知识储备很重要，法学的同学需要把专业知识学好，尤其多留心行政方面的法律。

其他专业的同学若想在专业方面有所提升，她建议学一些财务会计、税法相关知识，可以尝试着考注册会计师、注册税务师，这些在提拔的时候也有一定的加分。

除此之外，还需要锻炼自己多方面的能力、全方位发展，因为如果进入工作岗位不善言谈，或者与人沟通不畅会成为职业发展的阻碍。如何表达能够最有效地传递信息、如何用舒服的方式表达，都需要一定的技巧。在大学中可以参加学生社团，因为平时上课与同学交流的时间还是相对较少。在社团中如果你能与同伴或者部员沟通很顺畅的话，在单位中的沟通也不会有问题。

作为法大学子，张彤辉深感骄傲，直言"我们单位对于咱们学校的毕业生很认可的，基本上都发展得很好"，并鼓励想进税务系统的师弟师妹们相信自己的能力。

（文/汪毓雯）

厚积薄发　静水流深

——访福建省南安市市委办苏智谋

【人物简介】苏智谋，男，1985 年出生，2008 年毕业于中国政法大学工商管理专业，福建省 2008 届党政类选调生。从世界石材之都——南安市水头镇起步，之后进入南安市市委办，专门从事文字材料起草工作，历经科员、科长、副科级督查员、市委办副主任等多个职场台阶，白了头发、胖了身材，但不变的是初心。他荣立一次三等功，并被评为南安市劳动模范、泉州市优秀党务工作者。

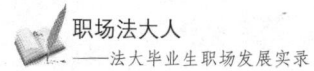
　　早晨六点半准时起床，吃完饭，送女儿上幼儿园后，苏智谋在八点开始工作。十二点下班吃过午饭草草午休后，下午的工作从两点半准时开始。下班回家与妻子、女儿共享晚餐后，苏智谋又在八点把自己关进办公室，与同事一起学习、讨论，直到深夜十点多，他才离开办公室，匆匆赶回温暖的家中。妻子为他亮着灯，备好热腾腾的宵夜，而年幼的女儿早已沉沉入梦。

　　自苏智谋2008年从法大工商管理专业毕业，在南安市水头镇工作满一年后进入市委办综合科，他在现在的岗位从事文字综合工作已足足八年光阴。这八年中，苏智谋从科员、科长一步步走来，再被提拔、转正，今年已晋升为副主任。对于他来说，如今在职场的游刃有余、从容不迫，都取决于多年学习与积累的厚积薄发。

提拔之路：争之必然、得之淡然、失之坦然

　　市委办是市委运转的中枢，起到承上启下的重要作用。而苏智谋从事的文字综合工作，概括来说，就是给市委领导起草讲话稿和重要文件。苏智谋当年是南安市的高考文科状元，于水头镇工作时他在文书起草方面的能力已初步显露，很快就从乡镇被推荐进入市委办工作。

　　谈及这些年来数次的提拔与晋升，从小科员成长为市委办副主任，苏智谋谦虚地说，这方面不能操之过急，在政府工作，运气与实力都很重要。"我是从乡镇一步步走过来的，我的建议是关于提拔，要争之必然、得之淡然、失之坦然。"进入政府机关，苏智谋认为最重要的是不断追求进步，追求组织对自我的认可，也追求个人人生价值的实现，绝不是为了当官而当官。

在政府部门，如果你不断培养自己的能力，处理好与同事、领导的关系，家庭和睦，那么你的进步是必然的，到了一定阶段，遇到机会时努力争取，晋升是水到渠成的事情。如若争取不到晋升机会，也应当保持一个好的心态，继续工作与不断进步，做到失之坦然。

苏智谋还分享了一些刚进入公务员岗位时的职场经验。他认为最重要的就是向同事学习，熟悉自己的岗位，要任劳任怨，给同事、领导树立一个谦虚谨慎、灵活好学的形象。吃亏是福，多干活多做事，最后提升的是自己的能力。"单位需要一些新鲜血液的补充，才能活起来，要积极向上、心态阳光，坚决不要小聪明，一切从零开始，你的每一个表现领导都看在眼里。"苏智谋说，保持学习、保持上进，切忌那种"进了政府部门这辈子我的工作就稳定了"的心态，也绝对不能抱有"我是中国政法大学毕业的，我的起点比别人高"的想法，这种想法对不起政法大学多年的培养与教育。在政府部门里，无论你是哪个大学毕业的，都在你进入岗位的那一刻清空为零，你要从零开始，向书本学习、向领导学习、向身边的同事学习，学习业务水平和为人处世的能力，学会沟通，保持上进，有人的地方就有"江湖"。这不仅是刚刚进入公务员队伍的年轻人要做的，更是你不论处于人生哪个阶段都要督促自己去做的事。

能力与心态：不断积累、厚积薄发

苏智谋认为文字功底的积累和思维能力的培养是文字综合这份工作最为重要的两方面能力。首先，文字功底好的人在政府单位是比较能得到重用的，因此如果你想成为一名公务员，文字功底非常有必要加强锻炼。大学里看的每一本书都会成为你文字素养的一部分，大学里形成的思维习惯、积累储备的知识也对这份工作帮助巨大，特别是在写一些调研文章时，这将是一种难能可贵的潜移默化的影响。苏智谋刚刚进入市委办时，花了一年多的时间，潜心研究过去的文稿汇编，不断总结经验，大学阶段的积累加上初入岗位的学习，才造就了他不俗的文字功底。至于思维能力的培养，苏智谋举例说，比如写作一篇产业转型升级方面的文稿，你要抓住文章的逻辑主线，讲清楚这个产业的现状，现在有什么问题，将来要往哪个方向走。这种系统的思维锻炼，在大学阶段就可以开始做，学校给大一同学安排的逻辑导论这门课程，对个人的逻辑思维锻炼是很有帮助的。

就心态来说，苏智谋提出两点：静与学。他说，从事文字综合这份工作，加班加点是常有的事，也经常接到临时性的工作。有时突然接到通知明天有领导来调研工作，需要一份调研汇报材料，当晚就要赶出来，甚至不惜通宵完成。心态要静得下来，沉得住气，不能被社会大环境的浮躁所影响，更不能被身边刚进入政府部门的一些没做两三年就想着提拔的干部所影响。苏智谋还说，从事这份工作，自我积累比大学学习的专业知识更为重要，他身边的同事们有很多在大学阶段都是非文科专业，更有些大学学习的专业知识与工作所需语言文字功底差异甚远，但这都不阻碍他们半路出家来做文字，通过不断学习与积累，照样能在这个岗位上发光发热，实现人生理想。"不学习永远跟不上这个时代。"苏智谋反复说。

工作与生活：工作的能人、家庭的"罪人"

苏智谋说，从事这份工作最大的好处就是站位高、发展前景好。他从事的文字综合起草工作与其他部门的文字工作的不同之处在于这份工作的宏观性，要站在全市高度想问题。"比如说你写一份书记讲话稿，关起门来你就相当于市委书记。"苏智谋笑言。八年的工作生涯，在市委的核心部门为领导参谋决策，为领导起草讲话稿和重要文件的工作经验，使苏智谋成了一个"杂家"——熟悉全市各单位的工作，各方面都懂一点。而他的几位前任，在离开了这个工作岗位后，在新的岗位仍然任劳任怨，保持不断学习不断进步的积极心态，并且能够快速适应新岗位的工作内容与能力要求，在得到组织认可的同时，也实现了自己的人生价值，为社会作出巨大贡献。

但苏智谋坦言，正是因为这份工作要求随时待命，他对家人亏欠巨大，这也是自己坚守岗位的一种牺牲。八年来他基本上天天加班，没日没夜，"五加二""白加黑""两眼一睁忙到熄灯"，待在家里陪伴妻子和女儿的时间少之又少。因此，苏智谋几乎放弃所有应酬，一有时间一定陪伴家人，每周或两周就和妻子、女儿一起回老家看望父母。女儿上幼儿园前，有时白天托付给亲戚照顾，苏智谋每天晚上下班后会去接女儿回家，两个人在路上聊天、谈心，一起背"三字经"，一起看着太阳缓缓落山。"一定要多陪陪孩子。你要是不陪她，小孩子一下子就长大了。我的爱人牺牲也很大，家庭都是她在照顾，我工作太忙，基本上顾不了家庭。"

谈公务员群体：做官一阵子、做人一辈子

苏智谋直言，在从事这份工作之后，才发现自己之前对公务员这一岗位是存在误解的。例如说，可能有人会认为，在公务员体系中晋升更多的是靠关系，但他凭自己八年来努力学习积累的能力一步步走到今天这个职位，就是对这一刻板印象的最大澄清。另外，也会有人认为公务员职位清闲、死板，每天坐在办公室喝喝茶聊聊天，一天也就过去了，一辈子也就过去

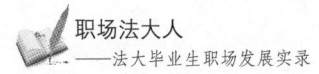

了，但苏智谋绝不这么想，他的工作忙碌充实，并推动他不断学习与成长，往更高的平台发展，实现人生价值，为社会作贡献。

苏智谋还特别提到了政府的廉政建设，并告诉记者，政府公职人员的收入在全国绝大多数地区都已经阳光了，公务员群体享有较高的社会地位，但收入在整个社会是中等水平。"如果你考公务员是为了当官、依靠权力搞'灰色收入'，'拿隐性福利'，我劝你还是不要来。不要冒这么大风险，以失去自由、家庭为代价，每天惴惴不安、睡不安稳，实在是得不偿失。"政府的廉政建设提高了机关干部的服务意识，也使国家的公务员团队保持廉洁公正、办事高效。苏智谋还说，随着一代又一代新鲜血液进入政府部门，现在85后、90后的年轻人不喜欢喝酒、不喜欢应酬、不喜欢打官腔，反而喜欢清清爽爽地上班、下班，有时间就陪伴家人，不把职位、做官看得那么重要。"做官一阵子、做人一辈子"，这就是苏智谋的为人之道。

建议与感悟：大学时光不能虚度

苏智谋当初在保研和工作中选择了后者，考公务员时又在大城市天津和回老家南安中选择了回家。他说，自己不太喜欢大城市的快节奏，更喜欢小城市浓浓的人情味，更喜欢常伴于父母身旁。

对于公务员考试，苏智谋分享了自己多年前复习备考的经验。他认为读法学对考公务员是极有优势的，不论是申论还是行测都有很多法学方面的内容。比如法学思维的严谨、逻辑性就在申论中有很大体现。申论有很多内容都是主观题客观化，有一些概括性的主观题，既运用到大学里积累的逻辑思维能力，又可以在考前总结规律多拿分。另外，要记住申论与高考作文的阅卷一样，只有三十秒时间。行测方面，咱们文科的同学更有优势，平常要多接触一些新闻、社会热点，积累常识。追踪最新的社会时事，把握舆论导向和国家大事，例如环保风暴、生态文明建设、共享单车，这些都是需要准备的。举例说明，让你以共享单车为例，总结材料，提供对策，你作为政府的管理官员，你要怎么管理共享单车？这些内容其实在考前都是可以通过追踪时事热点准备的。至于面试，可以在短期内集中培训，或者与一起备考的朋友模拟面试，还可以在网上找面试攻略和教程。"我当时买了两本书，一本申论，一本行测，我住在九号楼，就是现在的菊园，我的国考复习是在文渊阁完成的。"苏智谋回忆道。

大学四年一定不能虚度，苏智谋语重心长地说。大学四年是人生最自由的阶段，但是自由不等于放任，大学生要严格要求自己，要去学习、去图书馆，和书本里的大师交流，要走出去，听听讲座，丰富自己的见识，不要把自己所有的时间都绑在手机和电脑上。他说："我最想跟我们政法大学的师弟师妹们说的是不要虚度四年大学年华，这是最自由也最宝贵的日子。你在这四年里面的积累、形成的生活习惯、思维习惯、学习习惯将影响你的一辈子。"

"大学生活太美好了，今年是我毕业十周年，我一定回去。"采访的最后，苏智谋说。在政法大学四年的大学时光，是他工作能力的巨大积累时期，也是人生中永远难以忘怀的美好记忆。

（文/王静）

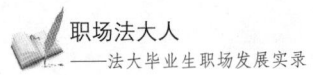
我的公务员之旅

——访北京市昌平区纪委办公室张俊睿

【人物简介】张俊睿，男，2010 年毕业于中国政法大学刑事司法学院。毕业后就职于昌平区检察院，先后在昌平区检察院政治处组宣科、办公室工作，任助理检察员、团总支书记，2015 年 2 月担任昌平区检察院办公室副主任，2017 年 4 月就职于中共北京市昌平区纪委、北京市昌平区监察委员会办公室，任副科职。

职业之旅：选择与转变

张俊睿 2010 年毕业于中国政法大学刑事司法学院。学生时代的张俊睿曾报考经济法专业研究生，不料由于一分之差被调剂到证据法专业。在准备考研的同时，张俊睿也做了就业的多手准备：他先后被北京岳成律师事务所录用、通过了北京市公务员考试、被昌平区检察院录用。此时的他面临着就业与继续深造的抉择。"考虑到研究生毕业之后仍面临着就业的问题，所以我最终还是选择了参加工作。"自昌平区检察院开始，张俊睿开始了自己七年有条不紊的职业之旅。

2010 年，张俊睿任职于昌平区检察院政治处组宣科，主要负责对外媒体的文字宣传工作：撰写新闻稿件、媒体投稿等，工作期间，他还参加了全市检察机关舆情引导业务竞赛，荣获"全市十佳"。2011 年，因工作需要，张俊睿被调到昌平区检察院办公室工作，他的工作也由对外宣传转为撰写公文及发言稿、协调各部门工作、组织会议等事务。"办公室是一个综合部门，负责的事务繁琐细碎，主要任务是服务领导、服务机关、服务业务。"在繁琐的事务之中，张俊睿始终保持着精益求精的工作态度。而他的努力也被领导看在眼里，由于表现出色，他从一名普通科员走到了办公室副主任的岗位。

在职业发展的过程中，张俊睿并未满足于职位的升迁，而是放眼未来，结合自身的优劣势，抓住机会不断弥补自身工作上的短板与不足。考虑到如果仅仅是在综合部门工作，自己未来的职业之路将太过狭窄，于是他选择在司法体制改革期间，到职务犯罪侦查局任职助理检察官，借此弥补自身业务工作经历缺失的短板。同时在 2016 年，时值北京市推行国家监察体制改革试点，昌平区相应地成立了监察委员会，张俊睿经过慎重考虑之后选择放弃办公室副主任和助理检察官的职务，于 2017 年 4 月转到昌平区监察委员会工作。别人对他放弃现有职务而选择从头开始的做法感到不可思议，但是他一直非常坚定，他心里有着自己的想法：如果仅仅待在检察院工作的话，自己所处的环境过于狭窄，所接触到的人无外乎来自检察院、法院、公安等机关，而调到区纪委、区监委之后，自己的工作接触面会变得更宽一些，这对自己今后的发展会有更多的帮助；他做出如此选择的另一个原因，则是他对国家监察体制改革充满了信心。因为国家监察体制改革是史无前例的，是一项开创性的政治改革。在未来的改革中，什么都是第一次，什么都是在探索之中。张俊睿为自己能身处这样伟大的变革之中感到莫大的荣幸。"这毕竟是一件能写入历史的事情，所以对于我来说还是很有意义的。"

当谈及今后的打算时，张俊睿说道："以后有机会还是比较想去业务部门锻炼一下，从执纪监督到执纪审查，多熟悉几个业务部门，可以更好地弥补自身能力的短板。"

成功经验：学习与就业

纵观张俊睿的就业经历，他一直从事着与文字相关的工作。之所以可以在自己的岗位做到游刃有余，很大程度上是因为这是他自身的兴趣所在。出于对文字的热爱，大学期间张俊睿就从事了很多与文字、宣传相关的社团事务：他曾分别参加了勤工助学服务中心烛心工作室、刑事司法学院学委会信息部等社团组织，喜爱诗歌的他还参加了学校的"345 诗社"。这都给他后来从事文字工作打下了坚实的基础。"在面试的时候，主管人事部门的领导看了我的简历后，参考我大学社团经历，最终将我安排到了宣传部门从事外宣工作。"凭着对文字的喜爱以及大学期间文字能力的训练，不管是在宣传部门工作还是在办公室工作，面对琐碎且繁重的工作任务，张俊睿总是显得举重若轻。"所以说兴趣爱好与工作相匹配是非常重要的，如果从事的工作不是自己喜欢的，那么工作带给你的只有压力，如果从事的工作是自己喜欢的，那么任何任务都会变成你的动力。"谈到写作能力，张俊睿谈道，不管在什么岗位，写作能力都是一项非常重要的能力，尤其是在公务员系统，能让自己写的材料得到领导认可，是一项非常重要的工作技能。因此他建议在校的大学生从现在开始注意锻炼自己的写作能力。

突然从大学的象牙塔进入工作岗位，大学生往往会感到无所适从，张俊睿在此谈到了自己的一些经验。"所谓的'师傅领进门，修行在个人'，除了前辈对你的引导，更重要的还是自己在工作过程中的学习和琢磨。"张俊睿至今还保留着自己入职以来写的第一篇新闻稿，由于当时初入职，写的第一篇稿子被领导改得面目全非，但是他所做的并不是对自己产生怀疑，而是在之后的工作中不断反思和学习，领导为什么会这么改，自己在修改之余也渐渐领会了领导的想法，从而慢慢地掌握了写作的要领，久而久之，他的稿子被领导修改的地方越来越少，有的稿子领导修改一遍就能通过。除了从修改中学习，他还说到要向优秀的人学习，从模仿他人慢慢地由浅入深，掌握其中的门道。"并不是说大学毕业学习就结束了，对于工作而言，终身学习至关重要。""我还加了一个由全国各地办公室系统人员组建的微信群，里面经常会上传一些教你如何写好公文的资料，这些都对我的工作很有帮助，所以工作之余要一直保持学习的劲头不减。"而他的学习也不仅仅限于写作。"随着国家监察体制改革试点的推进，办公室工作的技术性、专业性也变得越来越强，必须要靠自己的不断学习才能解决工作中遇到的问题。"

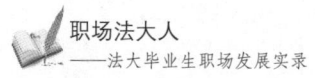
张俊睿说道。

针对当今大学生就业，他也谈到了自己的一些经验和见解。对于一个求职的大学生而言，简历的书写是相当重要的。张俊睿认为一个人的简历不能一成不变，简历的内容应该针对岗位的需要而变化，与别人一样的简历或是不适合岗位需求的简历是没有优势的。所以在求职时，首先要了解所选择的岗位需要什么样的人才，从而对自己的简历内容做出相应调整。再者，他说到跨专业就业求职者的优势相对一般人会更明显一些。现在的大学生需要转变一种观念，专业与职业不需要做到完全的匹配，而且实际工作中专业与职业完全匹配的人少之又少。但是二者也不是绝对毫无关系，两者要求具有一定的相关性，比如学习法律的去新闻行业就业，那么这个求职者大多会从事法制新闻这个相关领域。"就业其实就是把自己的专业不断变专、变窄、变精的过程。"如果大学生懂得在自己的专业与职业之间取交集，把自己的目标不断地缩小，那么就会更容易找到最适合自己的岗位。最后，张俊睿说大学生在进入职场之后可以积极参与全国或系统内部的业务竞赛，通过竞赛这个平台更快地脱颖而出。而部分年轻人在面对这些竞赛时会选择退缩、不敢出手，最终的结果也只有默默无闻，慢慢地被领导淡忘。"所以年轻人在工作中要积极进取，敢于吃苦。"张俊睿总结道。

致大学生：忠告与建议

最后，张俊睿对有意进入公务员系统的大学生提出了自己的忠告与建议。想要在纪检监察机关工作，最基本的前提有两点，一是必须通过国家或北京市公务员考试，二是必须是党员身份。但是仅仅满足这两项条件是远远不够的，除去这些"硬件"方面的要求，纪检监察工作对求职者的能力与品质也作出了要求。首先由于是政府机关，所以要求个人要讲政治，具备正直负责的个人品质，而能力方面，综合部门要求写作能力一定要过关，业务部门要求业务能力高、专业知识储备充足。现在的纪检监察机关正处于改革时期，对纪检监察干部有较大的需求，这就为大学毕业生进入纪检监察机关工作提供了机会。

与此同时，想当公务员就要有相应的付出。公务员的职位尽管稳定，但是薪水相比其他的职业要低一些。"不过在我看来，纪委监委的工作还是非常好的。"张俊睿所在的办公室，由于职务特性的原因，每个人的一举一动都会被领导关注，因此自身的能力提升也会比较快。如今纪检监察机关正处于改革时期，新成立的监察委员会将会有更广阔的发展前景。对于大学生最关注的北京户口问题，张俊睿认为："如果真的想留在北京，那么报考国家公务员、北京市公务员，进入国企央企是最好的选择。"

"在决定进入公务员队伍之前，最好还是去想从事的机关单位实习一段时间，看看自己是否真的喜欢这个工作，有时候你理想的职业与你想象的并不一样。"张俊睿这样建议。尽管实习可能不一定会学到什么东西，不过提前体验工作环境、熟悉工作流程，还是对今后工作有很多益处的。

张俊睿从各个角度全方位地介绍了自己的职业，并且提出了中肯的建议与忠告，以期对梦想成为公务员的法大学子提供一些有益借鉴。"不得不承认，法大毕业的学子都是非常优秀的。"

（文/杨泽龙）

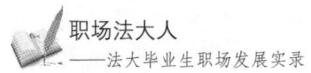
从上海海关到市政府机关

——访上海市交通委员会陈海军

【人物简介】陈海军，男，中国政法大学外国语学院 2005 级英语语言文学、法学双学位本科生。大学毕业后，于 2011 年进入上海海关，从事缉私工作，2015 年进入上海市人民政府交通委员会，从事办公综合工作。

2010 年，陈海军完成在法大英语、法学双专业的学习后，开始求职。毕业之后的他，先后收到了来自上海海关、中国银行、工商银行、携程旅行等多家单位的 Offer，最终择定上海海关。四年后，他又进入上海市人民政府，目前就职于交通委员会。

站在今天的岗位上回头看，从一名青涩的毕业生到工作颇有年头的职场人士，陈海军回顾起过往，有收获也有感慨。他欣然接受采访，希望能给迷茫中的师弟师妹一些启发和帮助。

准备国考：机会青睐有准备的人

2009 年，陈海军拿下英语语言文学学士学位后，便有意锻炼自己的就业能力，开始报名参加省市级和国家的公务员考试。从第一次笔试比控制线低两分，到以笔试第二名的好成绩进入面试，再到拿下高分成功进入公务员团队，陈海军感慨颇多。

陈海军坦言，自己曾经有过一段迷茫的时光，但是面对充满不确定的未来，他并没有害怕、气馁，而是分步骤做了充分的准备。在确定一毕业就工作的想法后，他就开始留意各种单位的招聘信息。当时学校组织部分同学参加外交部等国家机关的国考咨询会，会上工作人员为学生们讲解考试录用的相关政策，他也参与其中，在感受国家部委工作氛围的同时也学到了一些小技巧。另外，陈海军多次从昌平赶到海淀等高校云集的地方，参加各大单位的校园招聘会，了解各个岗位对人才的要求。一次次宣讲会听下来、一场场招聘会赶下来，虽然人在象牙塔，但陈海军也慢慢地对就业形成了基本的认识。他关注就业网站上提供的招聘信息，也实地探访用人单位，范围遍及省市机关、几大银行和公司企业。

在充分掌握用人单位信息的同时，陈海军也不忘继续充实自己。取得文学和法学双学士学位后，他针对预期的工作岗位展开了更专业的学习。国考当前，即将参加笔试，他就与同样备考的室友"约自习"，夯实理论基础的同时也互相勉励和督促。笔试中行测和申论是重头，他购买了相应的教材，对照往年的原题进行专项练习。顺利通过笔试后，在准备面试时，他转换了复习方式，尤为关注新闻联播、参考消息和新华网发布的时事新闻和专家解读，还和备考的朋友讨论时政热点，进行一次又一次的模拟面试。在思维能力、表达能力、仪表形态等方方面面都得到提升后，他收到的 Offer 越来越多。陈海军凭借努力得到多家单位的认可，最终选择了自己很感兴趣同时离家也很近的上海海关。

在陈海军看来，掌握公务员考试的技能非常实用，其经验也可以适用于银行系统或是企业的招聘。志在读研的在校生在备考的同时，也可以关注一些公考的消息，为自己提供更多的选择。同时他也温馨提醒，找工作时如有认识的师兄师姐不妨事先咨询，作为校友的法大人群体是很乐于帮助师弟师妹的。

上海海关：做祖国的卫士

介绍个人经历时，陈海军事先为记者科普了一些常识：大家日常出入境接触的国家口岸单位主要有海关、边检、检验检疫这三家，均为中央直属机构，其中海关主要负责进出境物品、货物的监管；边检主要负责出入境人员的护照、证件、签证等的监管；检验检疫则主要负责口岸卫生、动植物检疫等工作。海关有四大职能：监管、征税、缉私和统计，而他从事的缉私岗即是其中相当核心的一块业务内容。推荐大家观看《国门英雄》，这部电视剧便是以海关为原型的作品。

2011 年，被上海海关录取后，陈海军经历了两个月的军训和岗前培训，正式开始了自己的职业生涯。陈海军的第一个岗位是在上海浦东国际机场海关缉私分局。面对全新的职场生活，作为职场新人的陈海军一度觉得"有点承受不了"。作为全国最繁忙的空港，浦东国际机场发生的走私犯罪，比如人体藏毒等，完全超出了刚踏入社会的年轻人的认知。千奇百怪的走私方式对缉私岗位的专业知识要求极高，机场口岸国际航班的不间断意味着工作时间很不固定，倒班、通宵加班成了常态。

多重挑战面前，陈海军拿出了认真的学习态度，埋头做事，踏踏实实地锻炼自己的基本功。缉私工作需要经常与公检法系统等单位打交道，在不断的实践过程中，他很快熟悉了整个办案流程。他曾经为了一起貂皮走私案，在寒冷的冬夜从宿舍赶往机场，和同事通宵清点走私物品并展开审讯，及时固定现场证据。凭着这份刻苦，短短两三年间，陈海军和同事一起先后破获了浦东机场口岸最大的毒品走私案和水产品走私案。

浦东国际机场海关缉私分局是陈海军经历的第一个岗位，在那里，他与同事们一起处理案件，一道分享工作中偶遇名人明星的乐趣，也一同建设所在的部门。那段日子里，他所在的部门先后拿到了"全国青年文明号"和"全国优秀公安基层单位"的荣誉称号。

2013年，陈海军被抽调至新成立的浦江海关缉私分局，新的岗位进一步提升了他的学习劲头和工作积极性。分局当时刚刚成立，经办的案件以贸易类型为主。此类案件侦办工作经验少，他就跟着前辈不停地学，稽查、审价、核税等专业知识，都在一次次的实战中学为己用。他和同事并肩作战，时常不眠不休通宵办案，甚至错过了为父母庆生的日子，自己也因此患上了结膜炎和慢性咽炎。在分局成立不到一年的时间内，他和同事们先后查获了上海口岸当年最大案值的电影放映设备走私

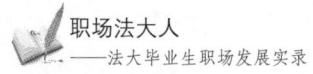

案和摩托车系列走私案。

浦江海关缉私分局作为陈海军职业生涯的重要转折点，让他收获了工作成绩带来的成就感，作为骨干分子，他被提名推荐为年度嘉奖人员（由于后期工作变更未能颁发）；同时更让他收获了弥足珍贵的同事情，那是一种积极向上的、有归属感的工作情谊，这份收获将伴随他终身。

海关也是陈海军发挥特长的地方。由于海关监管业务的特殊性，很多当事人都是外籍人士，其中就包括了走私嫌疑人，语言及法律政策的沟通尤为重要。按照规定，持有英语专业八级以上证书才可以对外籍当事人进行笔录制作，在法律程序上才合法有效，而这正是陈海军英语文学与法学双学位的优势。

陈海军坦言，三班倒的工作时间和繁重的工作任务无论对身体素质还是知识储备都是很大的考验，但海关工作所带来的专业知识学习、办事办案能力的提升也是无可替代的。入职前，他和大多数人一样觉得海关神秘莫测，而深入其中后才打破了过往的刻板印象。圆满完成案件的充实感、与各行各业打交道对能力的锻炼，都让他对这份工作有深深的认同。

海关工作人员是"国门卫士"，身处祖国工作的第一线，职务本身很有意义。据了解，作为中央派驻地方的直属机构，很多海关都为职工提供单身公寓等福利（这些在招考公告上未必体现出来），免去了异地就职人员的后顾之忧。陈海军建议师弟师妹不妨关注上海海关12360等公众号，在就业时也多加参考。

市政府交通委：新的起点

2015年，陈海军进入上海市人民政府交通委员会工作。海关的经历为他现在的工作奠定了很好的基础，即使综合管理类工作与之前的工作有着较大的差别，陈海军还是很快进入了工作轨道。

　　谈起自己经历过的这些工作，陈海军不无感慨地说，不论处在哪个岗位，专业知识总能满足一些工作的需求。2016年，为响应全面依法治国的发展战略，依据中央按照法定途径分类处理信访工作的要求，上海市交通委员会几个处室联合出台了《上海市交通运输领域依法分类处理矛盾请求的清单》，而清单整理制订的负责人就是陈海军。清单从酝酿到成型，得到了其他处室的鼎力支持，同时也离不开陈海军在法大所学的法律专业知识。虽然工作辛苦，但清单发布后，得到了有关部门的认可，同时工作开展也更顺利，陈海军颇为欣慰。

　　在交流中，陈海军自豪地说起社会和用人单位对法大毕业生的好评，鼓励师弟师妹珍惜在校的时光，趁着学习能力最强的时候多学习知识和技能，为就业打下良好的基础。他同时建议师弟师妹要努力养成一些良好的小习惯，比如每天背上十几分钟单词，看半个小时的书，做二三十分钟的运动等，这些对提升个人能力和气质都很有帮助，而且长时间坚持下来，很可能在今后会派上大的用场。陈海军本科毕业后参加工作，一边工作一边修读硕士课程。自身的经历告诉他，一定要保持不断学习。不管是考研考上比较满意的学校还是工作找到了满意的单位，都不能成为停止学习的理由。也只有不断学习，才能让自己不断地更新，以适应高速发展的社会。

　　在采访中，陈海军提到了军都山下的美丽校园、校园里的恩师挚友以及曾经的求学经历，那段美好的经历仿如昨日，他还提到了未来的毕业十年聚会，很是期待。陈海军自认只是法大一名普通的校友，但他与千万法大人一起，在各自的岗位上尽心尽力地做着自己的一份工作，以实际行动为法大代言。

（文／刘婧星）

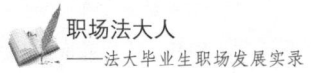
公平公正 维护法纪

——访北京市石景山区人民检察院赵晓敏

【人物简介】赵晓敏，女，黑龙江齐齐哈尔人，1985年出生，2008年本科毕业于中国政法大学法学院法学专业，2011年硕士研究生毕业于中国政法大学人文学院法学理论专业法律语言方向，同年进入北京市石景山区人民检察院公诉处，2014年调任至法律政策研究室。2016年司法责任制改革进入检察官员额序列，负责检察委员会和法律政策研究工作。现任石景山区人民检察院检察管理监督部检察官，并兼任法大法律语言研究中心副秘书长及石景山区一所中学的法治副校长。

求学之路：感受法律学科的新视角

在接受了系统法学科班教育、研究生阶段攻读法律语言方向后，赵晓敏分享了她从不同角度研修法律的感受。法律语言学作为一门交叉学科，是法学理论专业的一个研究方向，分属于人文学院。通俗地讲，法律语言学就是研究一切法律事件中所使用的口语及书面语。正如麦考密克所说"法学其实不过是一门法律语言学。"法律语言学的起点是应用，终极目标也是应用。作为一个新兴的交叉学科，从最初为法学界所排斥，到现在为实务界所重视，法律语言学扎根于实践的土壤正在蓬勃发展。

"其实我研究生报考的专业是刑法学，后来被调剂到了法律语言学方向，直到被通知调剂的那一刻，我才知道法大还有这样一个研究方向的存在，"她说，"本科时我就读于法学院，在我的认知里传统的法理学、宪法学、行政法学、民法学、刑法学等，这些才是真正的法学，其他的如法律经济、法律逻辑就是一些不入流的边缘学科。但是我现在非常庆幸自己被调剂到法律语言，成为人文学院的一员。法律语言，在我法学的基础上增添了语言学的翅膀，为我打开了另一扇窗，让我能跳出法律反观法律，换一种思维方式重新审视我深爱的法学，突然觉得茅塞顿开。纯法律人，多少会带有一点功利色彩。在人文学院的三年，让我真切地感受到了什么是人文情怀。"

她强调，法学不是一个孤立存在的学科，一名优秀的法律人需要兼具心理学、社会学、语言学等相关学科的知识，同时还要拥有一份法律信仰和人文情怀。"长期浸淫在正统法学圈子里很容易被优越感与自豪感蒙蔽。当我真正走进人文学院，感

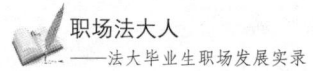

受着老师们内心的那份单纯、浪漫和人文情怀，我才慢慢地明白，法律不是冰冷冷的国家机器，一名优秀的法律人，更高的追求应当是传递法律的温度。这些经历对于我参加工作后，慢慢形成自己的办案风格、自己的法律理念有着重要的帮助。"赵晓敏讲道。

职业理想：维护公平正义、健全中国法治

成为一名优秀的法律人，这个理想儿时便已萌发。"我七岁的时候，就萌生了学习法律的念头，以健全中国法治为己任。"赵晓敏如是说。理想的萌芽源于父亲的熏陶，源于赵晓敏看到的中国法治的窘迫。

1992 年她的父亲作为一名高中数学教师被借调到法院，在中国东北一个偏远小镇的派出法庭做法官。改革开放十几年，中国经济迅猛发展，民事纠纷也随之激增，基层法院案件量激增与法院人员严重不足的矛盾凸显，教师、工人甚至是司机，只要是受过一定教育的人，就可以经过简单选拔从事法官工作。"20 世纪 90 年代，派出法庭条件很简陋，没有电脑，没有复印机，裁判文书需要用手摇的油印机印刷，两名能工作的法官负责周边 3 个乡镇所有的民事案件。实在忙不过来时，我妈妈下班后借一套制服跟我爸爸一起骑着摩托车下乡调查；我们仨一起趴在炕上帮我爸手抄裁判文书；年终需要归档时，爸爸整理好卷宗，我跟妈妈负责写卷皮订卷……这些听起来不可思议的'违法'情形，却真实地反映了 20 世纪 90 年代中国的乡土法治文化。爸爸就在这样像菜市场一样乱糟糟的派出法庭，凭着自学和经验，一个人每年顶着 200 多起案件，兢兢业业的工作了二十几年，没有一起错案，没有一个人上访。也正是这些'提前介入'成为我最初的法学启蒙。我在 7 岁时确立了自己法律

人的职业方向，为了维护公平正义，为了健全中国的法治，一路走来从未动摇。"赵晓敏说，"2011年研究生毕业，顺利考入北京基层检察院，成为一名检察官。毕业时，恩师送我一对水晶镇尺，上面印着'维护公平正义强化法律监督'，我一直用它压卷，放在我抬眼就能看到的地方，时刻提醒自己在检徽下宣读的誓言。"

职业感受：人权责相适、职业荣誉感渐增

目前，检察官招录考试内容同普通公务员招录考试内容是一样的，在招录方向上会根据每个检察院自身的需求限定某些特定专业，要求必须通过法律职业资格考试，在公务员统一考试的基础上，增加一门法律专业考试。"由于法检系统的招录都纳在公务员统一招录里，所以并无太多特殊要求。根据《公务员法》的规定，研究生学历的人进入检察院后，一年的见习期满后就可以直接独立承办案件了。但这一现象也成为检察机关广为诟病的一个问题，即检察官群体过于年轻，人生阅历、办案经验的缺乏会影响对案件的综合判断。"赵晓敏说道，"我现在还清晰地记得当时主管我的副检察长说，这些孩子毕业就来到检察院，连做人都没学会，凭什么决定当事人自由和生杀予夺？检察官，不是一个单纯依靠法学专业知识就可以胜任的职业，更需要结合案件的全部案内案外情况，作出一个综合的价值判断：你作出的决定是否符合法律规定、是否符合公共利益。"

她回忆自己第一次独立出庭时，朋友跟着去旁听庭审，被告人是一名五十岁的男子，被指控敲诈勒索罪。宣读公诉词时，按照常规庭审流程最后要进行法庭教育。"我跟被告人说，你要克服不劳而获的想法，通过勤奋的工作和真诚的态度获取财富

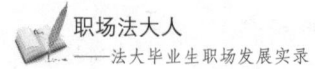
和美好生活。庭审结束后，朋友对我说，'难道你不觉得一个二十几岁刚刚步入社会的小姑娘，告诉一个比你爸爸年纪还大的人如何获取财富和美好生活，这很滑稽吗？'那个时候我才意识到，我的职业惯用语有时多么不合时宜。自那之后，我会注意我在庭审上的语言选择，特别是法庭教育环节，一些冠冕堂皇的话我不会再说了，因为这些话你说了也没有意义和价值。"

十八大后，我国推行司法责任制改革，检察官分类管理、单独构建员额检察官序列，只有符合一定年龄要求、具备一定刑检工作经验的检察工作人员，经过层层筛选才能进入员额序列，独立承办案件，实现"谁办案谁负责，谁决定谁负责"，体现检察官的主体地位。权力更大，责任也就更大。虽然现在年轻人进入员额检察官序列、独立承办案件的时间会更长一些，但是这个阶段对办案经验、人生阅历的积累是更有意义的。"经过一定时间的消化和代谢，我们终将改变检察系统人权责不匹配的现状，司法责任制改革在摸索中前行，逐渐完备，检察官的职业荣誉感、价值感会得到更加充分的体现。"

职场成长：忐忑中前行、探索中实现自我

在职业道路上，有件事让她至今记忆犹新，这件事也让她真正形成了自己的办案风格和职业理念。她第一次独立承办的是一个盗窃案，嫌疑人偷了几块电动车上的电池，涉案金额刚超过立案标准。"嫌疑人是一个三十几岁的男子，因盗窃受过多次行政处罚和刑事处罚。从公安移送的侦查卷宗看，他认罪的态度还可以，只是监控录像有点模糊，看不清正脸。检提时，因为我第一次作为承办人去讯问，内心有些紧张。嫌疑人可能看我年轻，也可能感受到了我的紧张，否定了之前的很多供述。我当时就火了，斥责他怎么满嘴跑火车？"赵晓敏回忆道，"我

说完这句话，他就怒了，说我不尊重他，然后就完全不配合，一句话都不说了。我一下就慌了，不知道该怎么办。"讯问无法继续，只能懊恼地结束这次讯问。在收拾卷宗时，她注意到嫌疑人有一个正在读小学的儿子，就随口问了一句"你儿子在读小学?"说起儿子，嫌疑人突然眼睛亮了起来，"我儿子特别优秀，每学期都能拿回来好几张奖状。"她发现了突破口，就顺着问："那你进来了，你儿子有人照顾吗?"嫌疑人目光变得柔和，之前的怒气也消了，"在老家跟着我妈，我老婆几年前走了。""你儿子现在只有你了，你在这里，如果他问奶奶，我爸爸呢?你让奶奶怎么跟孩子说?"嫌疑人思考了一会儿，"检察官，我如果认罪，是不是可以从轻处罚?""当然，这是法律明确规定的。做错事，勇于承认，勇于改正，这才是最值得你儿子尊敬和崇拜的地方。"嫌疑人请求她打开电脑，他想如实供述。后来的庭审也进行得非常顺利，这个人也被依法从轻处罚了。

这个案件让她明白，她应该探索自己的办案风格，温和地对待当事人，平和地看待案件，全面地审查案内、案外相关因素。"每个检察官都应该形成自己的办案风格，机械地模仿别人，最后的结果只能适得其反。我刚参加工作时的师父，身材高高大大、皮肤黝黑，严肃起来特别吓人。他面对狡辩的当事人，时而态度温和，时而辞色俱厉，多数当事人会被震慑住，这种方法屡试不爽。我当时以为这是最好的讯问询问方式。但当我自己这样做时，发现非但不管用，反而出现了负面效果。你在借鉴别人办案方式的同时，一定要结合自身特点和特长，形成自己的风格，这样才能得心应手地处理好每一起案件。一味地模仿别人，只能是邯郸学步，最后连自己该怎么走路都不清楚了，在这种状态下办案，你会很痛苦。"赵晓敏强调。

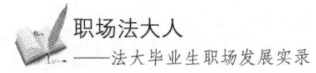
职业对比：法官、检察官、律师

提到法官、检察官、律师这三者的关系，赵晓敏提出了自己的见解。角色不同，职能定位不同，思考问题的立足点和方式也不同。

法官的主要职能是居中审判、定纷止争，这就决定了法官要有极强的自律性和公允性，其定纷止争的职能决定了法官面临着更大的工作压力。

《宪法》对检察机关的职能定位是法律监督，包括刑检方面的审查逮捕、审查起诉，包括对侦查机关的立案监督和侦查活动监督，对法院的审判监督，对行政机关的行政执法监督，对监狱和看守所的刑事执行监督等. 同法院相比，检察机关的职能触角更庞杂，但是对于肩负每项职能的检察官来说，接触的人员较法官简单，其职能也决定了检察官有更强的"威严感"，总体来讲压力不会像法官那么大，所以检察工作是一块相对单纯的净土。"如果把同龄、同样工作年限的检察官和法官放在一起，两个人的气场和状态是不同的，因为不用承担那么多作出终级决定的压力，所以检察官相对就要活泼很多。"她说道。

律师的主要职责就是为当事人提供法律服务，一切从当事人的利益出发，这与检察院作为公权力机关、代表国家追诉犯罪的职能是完全不同的。检察官要有更强、更全面的证据意识，也要更注意自己的言行，相比之下，对律师的要求就不会这么严格。十八大之后，特别是《刑事诉讼法》修改之后，律师权益保障制度越来越完善，律师在诉讼过程中的地位也越来越高。薪资高、时间相对自由，总体来讲工作量也不及法官重，所以选择做诉讼律师的人越来越多。

"在北京，选择工作压力大、工资少的法官、检察官为职业的法律人，多半都是因为心底那份追求公平正义的梦想。法官、检察官在工作期间接受过更加系统、丰富的培训，在各自的领域里有丰富的实践经验，每年都会有很多法官、检察官辞职去做律师，而这些人也是律所更为青睐的人选。律师也可以通过选拔成为法官或者检察官。法官、检察官、律师之间的职业通道已经打开，三者之间是可以流动的。"赵晓敏说道。

职业前景展望：法律人的价值判断意义愈加凸显

赵晓敏提到，检察机关正在大力推广人工智能、智慧检务，检察官按照智慧检务系统提示输入案件主要证据，系统可以自动提示哪些证据需要进一步完善，可以作出是否提起公诉的决定，同时还会自动生成起诉书、公诉意见书，甚至可以预判辩护词的内容。她说："我曾经一度很沮丧，觉得机器可以容纳更多的法律法规、司法判例，在不久的将来人工智能完全可以替代法官、检察官、律师的存在。但是慢慢平静下来，我发现自己的担忧一定程度上是多余的。在司法领域过度宣传和依赖人工智能是有问题的。如果人工智能真的能替代法官、检察官和律师，在人工智能发展水平更高的国家，如德国、美国、日本，为什么这些国家的法律工作者并未被机器所替代？"

赵晓敏强调："司法活动不是单纯运用法律知识就能解决的问题，司法更需要综合的价值判断，不能就案论案。以人工智能替代司法官对案件作出判断，可能会遗漏许多影响案件最终决定的关键因素，机器无法看到涉案当事人是否存在特殊因素、行为人侵犯的法益有无特殊性，更无法结合案内案外因素作出符合公共利益的价值判断。所谓价值判断，所谓公共利益，都是检察官作为人，发挥人的能动性，结合当时当地的实际情况作出的综合判断，起诉也好，不起诉也罢，都要经过这种价值

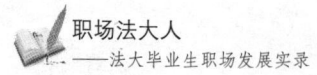
判断才能确定是否符合法律规定、是否符合公共利益，这才是检察官职业最值得自豪的一点。"

赵晓敏说："我热爱检察官这个职业，就是因为我不是冰冷机器，我是有感情有认知、怀揣着公平正义的梦想与人文情怀、在检察工作中努力传递法律温度的法律人！只有我们这些法律人，才能真正实现十八大报告中'让人民群众在每一个司法案件中都感受到公平正义'的要求。"

（文/陈睿哲）

雪域高原的赤子之路

——访西藏林周县民族宗教事务局肖圣林

【人物简介】肖圣林，男，1990 年 5 月出生于江西省宁都县，中共党员。2010 年 9 月至 2014 年 7 月就读于中国政法大学思想政治教育专业，2014 年 7 月至今就职于西藏林周县民宗局（期间 2014 年 11 月至 2015 年 11 月驻村一年）。2015 年荣获县级"优秀驻村工作队成员"荣誉称号，2016 年荣获"拉萨市优秀涉宗干部"荣誉称号。

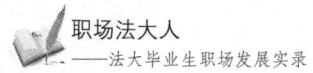
深思熟虑之选择

"我要去西藏"，肖圣林做出这个决定的时候遭遇了很多不赞同的声音，但是他知道这是自己深思熟虑后的选择。

临近毕业的肖圣林和身边的同学一样面临着就业的压力，选择这样的就业道路他首先得到了亲人的支持，在征得父母同意后毅然决然踏上了前往西藏的路。彼时，西藏在他心里只是一个模糊的概念，因为从未踏足过那片土地，心中抱着的是"勇闯天涯"的勇气和"人生何处不青山"的信念，不过令他欣慰的是自己还有哥哥和弟弟在老家县城工作，能对家里有个照应。

他参加的是国家一年一度的"西藏引进人才计划"，即针对引进内地高校非西藏籍生源毕业生的计划。肖圣林介绍道，该项政策已实施多年，无需笔试，只要本科以上学历并通过面试即可，同时能解决住宿问题。目前援藏计划的优惠政策除了包括在藏工作期间用人单位为引进的高层次人才免费提供住宿外，引进人才的配偶子女也可以随调随迁，妥善安排适当工作。

对于肖圣林而言，虽然当时缺乏经验，但是整个面试过程却很顺利。他认为，面试是第一块敲门砖，首先必须穿着得体、干净、整齐，体现出干事创业的精气神；二是言行举止要合乎礼仪；三是回答问题要有针对性、具体化。除此之外，在准备面试的时候要多跟"过来人"交流经验，多向师兄师姐学习。就业是一次双向选择，面试者只要尽力全面展现自身水平，至于自己是不是用人单位需要的人才，则交给用人单位评价，"尽人事，听天命"，无需有太大的压力。

大有可为之工作

长期在外求学的缘故，肖圣林早已学会了入乡随俗。来到拉萨后，接触藏族同胞、藏民族文化等机会增多，加上工作的关系，平时经常深入寺庙、农牧区走访调研，他慢慢地对藏族同胞和藏文化有了更深的了解，也逐渐在这片土地上寻找到了属于自己的一份天地。

肖圣林目前所在的单位是民族宗教事务局，主要负责民族团结和宗教管理工作，但因条件限制，实际上是统战部、民宗局、工商联和宗教办四个部门合署办公。大家除了处理好自身职责范围内事务，也会特别注重团队协作、加强团结，因此，单位内部氛围非常和谐融洽。

西藏是民族地区，宗教氛围浓厚，作为民宗局科员的肖圣林目前主要负责寺庙僧尼档案管理、请销假手续办理、佛事活动等，工作内容主要偏向文字工作。他坦言，平时会有一些会议材料、汇报材料和工作总结的撰写。肖圣林最喜欢的是写调研报告，因为通过调查研究，能了解许多新鲜事物，总结出许多道理，自己的认识水平也能得到扩展。他的工作时间是上午九点半至下午一点，下午三点半至六点半，工作之余还坚持学习、练字，工作生活规律且充实。

肖圣林在参加工作未满4个月的时候，根据组织安排，成为驻村工作队中的一员，这段经历令他收获良多。他介绍道"基层虽然苦一点，但却能锻炼人"，因为身在最基层，直接与村干部、农牧民打交道，从而也对西藏的风土人情有了切身感受。在驻村期间，村干部们用不太流利的普通话与他交流，向他了解一些本地的事情，并为他普及一些本地的风俗文化等，还教会他一些藏语。因为工作原因，肖圣林在村里度过了2015

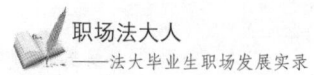
年春节，就在他最孤独无助时，村干部们把他领回家一起过节。他感受到了藏族同胞的热情好客与友好，也第一次体会到了西藏农村原汁原味的节日文化。

肖圣林踏踏实实地面对每一项工作，保质保量地完成各项任务。他始终以"无论你生在哪个时代，都应该承担起那个时代的荣与辱"作为指南，工作中兢兢业业、恪尽职守，即使加班加点也毫无怨言，与单位荣辱与共。工作中也注意处理好与藏族同事的关系，建立互信，互帮互助，自美其美、美人之美、美美与共。

2014年刚入职不久的肖圣林就接到了"从非公务员身份驻寺人员中考公员录务"的考录工作，当年报考的有30余人，推荐、报名、资格审查等各项考前准备工作都由他来负责。因为涉及驻寺干部的切身利益，他们的身份证、毕业证、户口本等原件都要上交，还需要与组织部、纪检部门、人社局、教育局等多部门沟通协调，稍不注意出现纰漏便会后果严重，但肖圣林思路清晰、精心细致地做好每一步，最终工作取得圆满成功，同时也赢得了领导和同事的信任。因此，肖圣林在2015年荣获县级"优秀驻村工作队成员"荣誉称号，2016年荣获"拉萨市优秀涉宗干部"荣誉称号。

以身作则之建议

由于工作在远离家乡、深入祖国的西部，肖圣林回家的次数减少很多。他坦言，思乡之情肯定是会有，在西藏工作和生活会牺牲很多东西，如高原气候给身体带来的损伤、与家人的聚少离多等，所以建议师弟师妹们选择进藏之前一定要慎重考虑。

肖圣林介绍道，目前在工作上并没有太大的困难，即使有些许，也相信自己能够及时解决。他认为困难的是如何处理好工作与生活、家庭、学习之间的关系，工作之后就不能随心所欲，必须服从安排、听从指挥，如何权衡好相互之间的关系还需看个人自身实际，一般而言需要做到如源泉般"盈科而进"，补齐短板。但他坦言道，自己在这方面也是个学生。

目前刚入职三年的肖圣林仍是科员，对于晋升，他看得很坦然，认为只要把工作做好，一步步踏实走好，未来的事自然会水到渠成。虽已毕业三年，但他仍然时刻关注着母校的发展变化，并始终以黄进校长的寄语——"做一名追求卓越的法大人"来要求自己。他认为，自己虽然目前不是一名卓越的法大人，但愿意做一名追求卓越的法大人，感恩母校给予的一切，未来他也将一如既往，踏踏实实走好自己的长征路，并认为法大人的成长道路千千万，但追求卓越应该成为每位法大人成长道路中的指路明灯。

对于师弟师妹，他建议应该培养主动学习的意识，博闻强识，往后的工作和生活中会遇到很多新问题、新事物，只有不断汲取新的知识、培养新的技能才能更好地适应未来发展。

（文/汪毓雯）

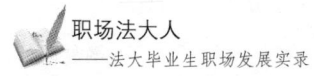

从容处世　静水流深

——访重庆市巴南区姜家镇团委书记赵福琼

【人物简介】赵福琼，女，中国政法大学 2004 级刑事司法学院法学专业本科生，目前担任重庆市巴南区姜家镇团委书记，曾供职（或挂职）于重庆市渝北区委宣传部等数个单位。

2008 年重庆市选调生录取名单公开后，赵福琼松了一口气。回到父母身边、兼顾工作和家庭的目标达成，结束了在法大求学生涯的她，愉快地踏上了工作的新征程。十年后，已经历数个单位，工作颇受肯定的赵福琼，面对记者一系列问题，热情且真诚，耐心地一一予以回复。

选调经历

赵福琼是通过选调生考试进入公务员系统的。与国考、省考就某一岗位定点招录的方式不同，她是在被录取后，才知道工作单位和岗位安排。选调生的报名条件较为严苛，要求报名者必须是党员，且获得过奖学金或者担任过班干部。赵福琼就读法大期间，因表现积极上进被选为预备党员，也获得过学业奖学金，担任班里的学习委员，就业时因为条件都具备，她便考虑通过选调生的途径成为一名公务员。最终，她成功考上重庆的选调生，回到了自己的家乡。

在赵福琼眼中，通过考试进入公务员系统和获得职位后做好工作所需的准备，是一脉相承的。比如无论是备考时还是现在，她都会持续关注人民网、新华网、光明网等时政网站以及《求是》《半月谈》等刊物（《半月谈》、新华社也都有微信公众号及时推送文章，新华社也已推出同名 APP，实时更新时政新闻），阅读最新的评论文章和专家解读，保持稳定而充足的输入，不断更新理论储备。对于有志于成为公务员的师弟师妹，她建议，除了关注几大媒体的报道，还可以关注"公务员之家""帅帅职场屋"等公众号，阅读里面推送的文章来加深了解。

公务员之旅

从 2008 年毕业、考回故乡，成为重庆市渝北区古路镇人民

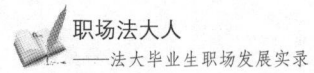

政府的一名公务员起，到 2018 年接受采访，赵福琼的职业生涯已有近十年。十年间，她从"新人"成长为兼顾工作和家庭的"女超人"，颇有感触。每一天，她都保证在六点半起床，工作时间妥善处理各项事宜，下班后陪伴家人，并且保持一定时间的自我学习和提升。"我是一块砖，哪里需要我，就往哪里搬。"从渝北区古路镇人民政府，到渝北区人民政府法制办公室、渝北区委宣传部，再到现在的巴南区姜家镇人民政府，十年的工作经历，已经让她成为"万金油"。"'上面千条线，下面一根针'，做基层工作，基本上都是身兼数职，写材料、搞会务、做协调，很少单纯从事某一项工作。"

赵福琼目前担任巴南区姜家镇团委书记，在做好本职工作的同时，她也身兼材料写作、办公室日常事务等工作。"不出事都是小事，出了事就是大事。"例如，上级布置开会，她会尽心尽力地考虑到方方面面的细节并尽量做好，比如发放会议通知、通知到具体的人、定好座次表，有时还会准备主持词、领导讲话稿等，这些都是需要前期精心筹划落实的工作。

基层公务员的生活并不是一成不变的，有时她会被组织分配新的任务，去从事新的工作。截稿前，她告诉记者，马上要接手党建工作。从不熟悉到熟悉，每一天都充满着挑战。每到有所变化，赵福琼都会学习新的内容，争取尽快适应新的工作。她坦言，既然领导信任，那么对于不太擅长的工作，都应该积极面对，早一点进入角色，尽自己最大的努力做好，不让领导操心。她回忆之前在渝北区委宣传部的经历，当时觉得压力大很辛苦，但回过头看，正是那段不时加班、天天处理稿子的日子，极大地锻炼了她抗压的心理能力、过硬的业务能力和良好的沟通能力。

世事洞明皆学问，在赵福琼看来，"三人行，必有我师"，走上工作岗位后，只要用心，随处都可以学到新的知识。例如，校对文稿是一份相对初级的工作，但是通过校对发现错误的所在，下一次自己就可以避免。领导改稿，她都会仔细研读，探究领导改在什么样的地方、他为什么要这样改、他的思路是怎么样的。通过这些，她慢慢体会到领导的思维方式和格局。通过每一件细小的工作学习到不同的知识，也在领导和同事的帮助和启发下，成长为越来越成熟的职场人士。

赵福琼安于自己基层公务员的定位，在团委的平台上尽己所能。2017年10月，姜家镇有五位贫困小朋友拟申请巴南区助学金，但是全区只有两个名额，五位小朋友的家庭情况都不理想，有三位爸爸去世，有两位妈妈患有精神疾病。他们有的由七十多岁的爷爷奶奶抚养，有的由姑姑伯伯代养，让人很是心疼。正好当时法大重庆校友会有做公益的意向，赵福琼就把几个小朋友的情况跟校友会作了介绍。听闻消息，群内的校友们自动捐款，2018年1月27日，七八位校友们一起看望了五位小朋友，带去了法大重庆校友们的爱心和慰问。

赵福琼表示，作为团委工作能做的有限，但是她希望能够利用有限的资源做更多的事情，尤其是对于留守儿童、贫困儿童等群体。她希望借助团委这个平台和法大校友等群体，帮助更多需要帮助的孩子。"我觉得这个挺有意义的。"她依旧声音轻轻，语速慢慢。

经验与建议

作为公务员，从区级部门到基层乡镇这样的"逆流"，赵福琼显得很淡然。条条大路通罗马，适合自己的才是最好的。作为两个孩子的妈妈，她很骄傲也很自豪，工作和家庭并不矛盾，两者能够很好地结合统一，关键是找到工作和家庭的平衡点，

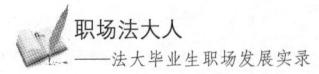
这才是对工作和家庭都负责的态度。

对于职业生涯规划，赵福琼认为，首先得有自己的定位，找寻最适合自己的路，然后要有个良好的心态。毕竟不是每个人都能走上领导岗位，但是能把自己负责的每一个细小的工作都做好，却有独特的价值。作为年轻人来讲，学习永远是第一位的。相对来说，政府机关工作比较稳定，容易出现"温水煮青蛙"的现象，从而忽略了知识的储备和学习能力的培养。对此她谈到一篇很受启发的文章，叫作"保持能随时离开体制的能力"，即身在体制内，但是仍要不断地给自己充电，不断地学习，在八小时之外，利用碎片化的时间，掌握更多的技能。这样即使有一天不在公务员系统，也能有一技之长。

想要进入公务员系统，赵福琼认为，首先政治素质要过硬，其次态度要端正，再次要热爱本职工作，最后要有一定的专业素质和能力。当然最基本的前提就是要通过公考或各种选调生考试、大学生村官考试等。她笑说："咱们法大的学生基本功应该没有问题，但大家也要好好复习，准备考试，毕竟凡事预则立，不预则废嘛。"她也特别提醒，选定公务员道路的师弟师妹最好大学期间能够入党。

对于刚刚步入工作岗位的师弟师妹，她给出了三条建议：一是放平心态。每个人的岗位不同，正确面对在基层、做基础性工作的意义，对工作岗位、工作环境要有正确的态度，努力去适应，然后做好每一件事情。二是放低姿态。尊重领导，尊重同事，尊重服务对象。她想到师弟师妹们很多可能是独生子女，在家没受过委屈，但在工作中，会遇到各种各样的问题需要去解决、去面对、去克服，虚心向同事请教必不可少。三是保持状态。时刻保持乐观向上的精神状态，不抱怨、不埋怨、不八卦，处理好人际关系。认真对待每一件事情，相信很快就能脱颖而出。

不论今后从事什么样的工作，她都希望作为年轻人的师弟师妹们，首先重视学习能力的培养，不同领域对复合型人才或者专业型人才的要求不一样，尽量成为专业性人才中的复合人才、复合型人才中的专业人才。其次是平常心，她告诫年轻人切忌好高骛远，要坚持脚踏实地。第三是认真的态度，她认为对待每一件事情，都应当秉持校训中的"格物"精神，不做则已，做就要把它做到极致。

（文/刘婧星）

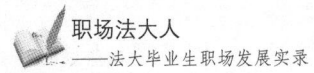
功不唐捐　天道酬勤

——访北京市门头沟区委组织部杜学良

　　【人物简介】杜学良，男，2005 年至 2010 年先后于中国政法大学人文学院、新闻与传播学院、法学院就读，期间曾任人文学院学生会副主席、新闻与传播学院派驻人民日报社海外版实习生、法学院"4+1"双学位班级党支部书记等职务，获得了曾宪梓教育基金"英才奖学金"等多种奖学金和"优秀学生干部""优秀毕业生"等多种荣誉。2010 年至 2013 年任北京市门头沟区永定镇卧龙岗村委会主任助理（大学生村官），期间兼任卧龙岗村团支部书记、永定镇团委委员、《永定镇城乡一体化建设专刊》编辑、《青春》常务执行主编，获得了北京市级"优秀大学生村官"、门头沟区级"优秀团干部"等荣誉。2013 年至 2015 年任北京市门头沟区永定镇党建办干部（宣传部公务员），期间主要参与全镇拆迁工作及政策宣传、舆情应对、简报撰写等，获得了北京市级"网评工作先进个人"、门头沟区级"百姓好故事"作者奖等荣誉。2015 年至今，任北京市门头沟区委组织部干部，主要参与干部选任考察、干部任前公示、宣布干部任职、起草任免文件等工作，期间被评为区委组织部机关党支部"优秀共产党员"。

　　2010 年 7 月，杜学良来到门头沟区永定镇，成为一名大学生村官。而今，八年过去了，永定镇的平房大院已长成林立的高楼；新开通的地铁 S1 线，跨越永定河、连接城区与郊区，直达永定镇；北京市市级工程"长安街西延线"也正在由理想变为现实。而杜学良亲身见证了这一段段历史的变迁，自身则从一名大学生村官成长为一名乡镇干部、区委组织部干部，并在门头沟区安家落户。

　　回望过去，他常说"个人的成长与进步离不开组织的培养、大家的帮助"，他也说"每一个人的经历都不可复制"。但其中至少有一点可以确信，那就是"功不唐捐，天道酬勤"。

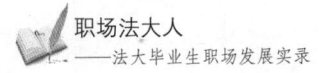
安步当车：求学路上求成长

2005 年入学法大的杜学良，在这里的学习、生活同今天的法大学子无异。上课或是自习度过一整个白天；夜里熄灯后寝室卧谈"为真理而战"；杂学博取，哲学、心理学等知识领域均有涉猎；在学生会忙碌，活动如火如荼地开展；心想"贵在参与"，也能在运动会上惊喜地"捡到"名次。

与众不同的是，他在初入学军训时就鼓起勇气向辅导员老师提出问题——"进入大学之后，如何能够增长个人能力"。这一问题无关功利的考量，仅关乎个人的成长。"更加成熟一些，做事更有条理。"杜学良解释道。辅导员说："那就加入学生会吧，那里机会多，成长得快"。于是他加入了人文学院学生会学术部，并一路留任至人文学院学生会副主席。期间他也加入过其他学生组织，但在意识到精力有限之后选择退出。院会学术部的工作与他的兴趣相合。为举办"触摸历史，传承文明——博物馆文化馆进法大活动"，杜学良直接跑去北京天文馆洽谈，最终活动成功举办。天文馆派出流动宣传车和工作人员抵达法大校园，当天累计参加活动人数超过一千。那时的盛况连同由此带来的成就感至今仍然闪耀在他的法大记忆中。

随后，新闻与传播学院从人文学院独立出来，学校老师发动自己的人脉关系，为学生提供实习机会。杜学良被分派至人民日报社海外版实习，他所参与的板块主要与经济相关。当时的他没有任何经济学理论基础，但负责的许主任鼓励他和同学多关注相关知识，边学边干。为此，杜学良一边走进图书馆翻看教材，一边浏览人民日报往期内容，总结经验。在研究过程中，他认识到人民日报海外版的受众以海外华侨为主，他们所关注的更多的是事件和政策本身，而非背后的经济学原理。掌握规律之后，杜学良开始能够自己搜集资料，撰写文章发表。

在杜学良对自己近八年工作经验的总结当中，"以目标为导向"是重要的一条。在工作中，上级领导所关注的永远是最终的结果。因此，首先要明确工作目标，再依据目标制定相应的方案，而方案的制定需要依据客观资料。这些资料包括历史资料，包括政策要求，也应该包括调查得来的实际情况。如此将问题拆分，一步步达成目标。

找到自我：村官任上觅本心

直到今天，杜学良仍然清楚地记得，他在填报高考志愿时勾选了法学、新闻学和社会学三个专业。在法大的五年里他拿下前两者的学位证书，毕业后他来到门头沟区永定镇，开始在实践中探索第三门学问。

永定镇是杜学良深思熟虑后的选择。他成长于农村地区，对乡村基层有特殊的感情。那时门头沟区相对北京其他各区报考难度稍低，而永定镇地处京西寸土寸金的平原地区，是未来的长安街西端点，在杜学良看来，有较大尝试和奋斗的空间。

当时的杜学良体验过企业招聘，也在几乎同一时间被江苏某市房产管理局录用。近年来，北京市大学生村官逐步与选调生并轨。但在当时，"大学生村官"这种职业是一个没有行政编制、未来尚不可期的职位。但是权衡再三，杜学良还是选择成为一名大学生村官，在三年的锻炼中调整自己，明确未来发展的方向；从功利的角度来讲，三年期满后，至少也能在北京落户。就这样，杜学良来到永定镇卧龙岗村，开启了他三年的村官生涯。就当时看，他在门头沟人地生疏，这份工作也看似与专业毫无关联，一切都需要从零开始。

在很多人看来，大学生村官的工作是在深山荒地间想方设法带领村民脱贫致富。但杜学良所在的永定镇处在截然不同的发展阶段。当时"北京地铁 S1 线"项目工程启动在即，其中门头沟段共有六站，五站落在永定。永定镇东靠石景山区，属城乡接合部，大多数村民无地可种。在这种情况下，大拆迁、大建设可以为村民带来直接的补偿款，新建成的回迁社区又能提供一定的就业岗位，这是符合地区特点的致富路径，更是全镇乃至全区、全市城乡一体化建设的重要组成部分。

在 2010 年 7 月至 2013 年 6 月，杜学良在卧龙岗村担任村官的三年间，永定镇经历了史无前例的大拆迁和前所未有的大建设。由于工作需要，他被抽调到拆迁工作政策宣传组，参与地区拆迁工作。他立足岗位、服务大局，在做好卧龙岗村本职工作的同时，积极努力、甘于付出。

在全区积极动员的大背景下，各村贴起文化墙，挂起彩旗和条幅，宣传人员逐户发放政策材料，广播里持续播放致村民的公开信。宣传方式多种多样，新闻专业出身的杜学良则主要参与编发《永定镇城乡一体化建设专刊》。为此，他逐一采访了"北京市重点工程 S1 线及长安街西延长线"项目所涉及的 11 个拆迁村的党支部书记，个别采访了区、镇机关包村干部代表，并对拆迁一线的先进典型进行了重点采访和宣传。其中，以永定镇上岸村的村民积极配合拆迁工作为素材写成的报道，荣获区委宣传部"百姓好故事"奖项。

拆迁期间，杜学良和他的领导和同事们在节假日都从未休息过。有些文稿时效性强，有些文稿主题宏大，有些工作会议较长，后期文稿写作、会议纪要节奏紧张。每天忙到晚上九十点钟是常事，有时为了赶写稿子、校对文字要忙到次日凌晨。但是当他看到《专刊》在群众中广泛传阅，看到村民手中拿着《专刊》一边读一边签协议的时候，"那种小小的成就感就会将疲惫一扫而空"。

　　尽管杜学良的大多数工作时间都在镇里度过，但卧龙岗村的村民始终没有把他当作外人。村里的大事、村集体党员活动，村里都会专门告知他参与。在他看来，"一起到其他地方去参观、学习，坦白说也是一种放松"。这种被惦记的感觉让他非常感激。

　　他在讲稿《我的永定情怀》中提到，在他初至卧龙岗村，担任村委会主任助理时，为尽快了解村情村貌，他一有空就会到村里随处走走，和村民聊天。一次他在村里庞阿姨家聊到天黑，临别时庞阿姨提出送他回村委会。在杜学良婉言谢绝后，她依旧坚持，说："不行，必须得送你，从我家到村委会要穿过两条马路呢。车多，天黑，路不熟，你一个人走，我不放心。"如此亲人般的照顾，成了杜学良工作的动力和情感的寄托。

　　到了2013年上半年，杜学良三年村官生涯即将期满，但镇里的工作仍然繁忙。要知道，在当时，村官期满之后需要自谋出路、二次择业。鉴于此，村领导主动向他提出，如果想安心准备公务员考试或做其他方面的择业选择，可以申请将他调回村里，不安排过多任务。但在当时，杜学良已经将公务员考试作为对自己工作经验成果的检验，并为了保持工作的连续性、更好地服务工作大局，他谢绝了村领导的好意，选择了一边继续工作、一边抽空准备公务员考试。

　　正应了他所一直相信的老话"大道酬勤"，2013年7月，杜学良顺利进入门头沟区永定镇党建办（宣传部），成为一名科员，继续做好"拆迁、建设、服务、创新、维稳"方面的宣传工作，同时参与精神文明建设、媒体记者接待、党政信息报送等相关工作，工作勤勉、成效显著。比如，2014年全年，杜学良累计撰写了党的群众路线教育实践活动专项简报62篇，并于

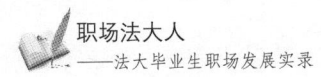
2014 年获评"北京市重大任务舆论引导工作先进个人"荣誉称号。

在杜学良自己看来，62 篇简报无关额定的工作任务，而是他对自己所总结的工作经验"眼里要有活"的落实贯彻。这些简报作为永定镇的历史资料存档，是镇里每一阶段工作内容的记录，"最终目标是让上级部门和广大群众感觉到我们在做，而且我们做得还不错"。

兢兢业业：组织部里铸匠心

2015 年 8 月，杜学良被调至门头沟区委组织部工作。至今他都不能说清这次工作调动的原因，或许是因为他在区委组织部一次青年干部座谈会上的交流发言，又或许是因为他曾经在永定镇党的群众路线教育实践活动工作中负责过简报以及相关文稿撰写工作，得到过区镇领导的肯定。他又一次感慨功不唐捐，一个人所付出的努力或许在短时间内无法回馈，但最终会在其他的时间、以其他的方式结出果实。另一方面他也进一步确信，一个干部的成长和进步永远离不开组织的培养和良好的工作平台。

组织部的工作可以用"知人善任"四个字概括，即把合适的人安排到合适的岗位上。这一过程分为动议、推荐、考察、表决、任职五个环节，其间涉及流程百余道。在各道流程中，有的需要自己校对决定，有的需要请示上级，有的需要和其他部门沟通，即便是"熟练工"也必须要对照清单，逐项检查。

初至组织部的杜学良还有许多技能和政策需要学习。2015 年，他一边参与处级后备干部调研工作，一边开始学习《党政领导干部选拔任用工作条例》，参与干部考察工作；从 2016 年起，他才开始全面介入各项程序。在学习过程中，他努力向领导、同事请教，从领导、同事的言传身教中获得启发。在这一过程中，他也进一步确信，做成一件事一定有天时地利人和的因素，一定有自身以外的客观因素，绝不能将之完全归功于个人，如此才能做到胜不骄、败不馁。

在旁人看来，组织部属党口核心部门，既有信息优势，又手握要职。但真正身处其中，又是另一番感受。在这里，"四重三严一加强"——"重德才、重实绩、重基层、重口碑，严把政治忠诚关、严把能力素质关、严把作风廉洁关，加强对干部的关心关爱"，绝不是空泛的口号，而是字字落到实处的严规。组织部面临的政治压力大、时间压力大，干部选拔兹事体大，因而工作以节奏快、标准高、要求严为鲜明特点，与领导和同事一起加班也成了家常便饭。

在参加工作的这八年里，杜学良深刻地体会到，在很多情况下，工作项目没有高大上的名字，也不会时刻为人瞩目。所要处理工作的通常是细微的事务。但是他始终认为，是工作成就了一个人。人是在工作中慢慢积累经验，慢慢增长见识的。事情见识得多了，完成得多了，自己也会慢慢产生成就感，产生自信。做好一项工作，从外部看是一种进步，对于个人来说，更是一种成长。因此在他看来，即便是最细微的工作，也应当尽个人的最大努力将它做到极致。尽管每个人能力有限，不可能做到完美，但尽全力去做，结果一般都不会太差。

多年来，杜学良一直保有阅读、学习的习惯。近来他读完王阳明的两本传记，颇有感触。在他看来，儒家的"儒"字一半是"人"一半是"需"，"个体是需要人人的，人人也需要个体"。因而相比"坐而论道"，王阳明的"知行合一"是更高的境界。杜学良由此将他多年的工作经验归结为以下六点：独立的思考能力，独特的表达能力，独到的行动能力，学无止境的

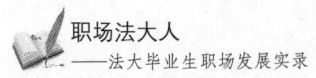

开放态度，学以致用的务实态度和良心净化的反省意识。六点要领各取首字恰能拼出他的姓名。这是他一路的心得体会，也是他一路的奋进坚守。

（文/邵莹婷）

不忘初心　牢记使命

——访北京市朝阳区政法委杨晨

【人物简介】杨晨，男，中国政法大学政治与公共管理学院2014级本科毕业生，在校期间休学服兵役，成为一名大学生士兵。结束部队生涯后回到法大继续学习，毕业之后通过公务员考试进入街道办事处工作。一年之后于组织部任职，现在北京市朝阳区政法委工作。

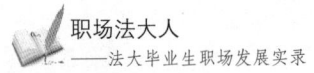
我与我的法大

说起与法大的渊源，杨晨说："可以追溯到小学时期。因为从小就比较早熟，同学在外玩耍的时候，我就比较喜欢在家里看些新闻和《今日说法》之类的电视节目。有一次看《今日说法》的时候，突然看到了中国政法大学马来教授在发表观点。虽然还不知道他具体在说些什么，但是觉得他说的好深奥，觉得这位老师好有水平，就在心里默默地记下了这所学校作为自己未来的奋斗目标。"经过十年寒窗，披荆斩棘，高考论剑之后，杨晨终于如愿以偿地拿到了中国政法大学的录取通知书，进入政治与公共管理学院学习。

杨晨在法大就读期间表现非常优异，积极参加了许多社团，如青年志愿者协会、学生会等。最值得一提的是，杨晨曾经在大学期间休学，进入部队服兵役，成为一名大学生士兵。当被问及为何要加入部队时，杨晨坦言："主要是为了锻炼自己"。在部队的两年时光是杨晨人生中最宝贵的财富。经历了新兵连的魔鬼训练，也经过了驻扎深山老林的历练，表现优异的杨晨被调入机关。在部队简洁、明朗、快速、高效的生活节奏下，他养成了处事果断的性格和坚忍不拔的意志。这令杨晨褪去了几分学生的稚气，增添了几分男人的成熟。尤其是因此养成的坚韧意志，更是成为杨晨日后工作的助力，帮助他更快地适应现在竞争激烈的社会。

谈起在法大的收获，杨晨坦言，作为中国法学最顶尖的学府，中国政法大学无论是学习氛围还是人文素养都属于超一流的。尤其是在"厚德、明法、格物、致公"的校训下培养出来的法大学子，普遍都存在着一种正直善良的品质，这在社会上是饱受欢迎的。有许多校友已经成为社会上的精英人士，作为法大人，在遇到困难之时，法大校友们都会倾心相助。学到的丰富知识、养成的良好习惯与积攒的广阔人脉，是母校对每一位法大人最无私的馈赠。

我的工作经历

结束了在法大四年的学习生活之后，杨晨顺利地通过了公务员考试进入了公务员队伍，成为街道办事处的一名基层公务员。在谈及初入职场都遭遇了哪些困难时，杨晨说："我国公务员队伍人才流失状况非常严重，主要原因在于中国的每名公务员都必须要经过最基层的锻炼，经过层层选拔。而最基层的公务员，主要面临的问题就是工作压力太大并且薪资过低。以北京市为例，作为中国的首都，国家下大力气扶持，城市建设速度非常快。作为最基层的街道办事处的公务员，既要协调好与民众的关系，又要应对上级的考核任务，这对初入职场，没有社会经验的大学生公务员来说是不小的挑战。"不过好在，在军队养成的坚忍不拔的性格，使杨晨能够踏踏实实地努力工作，这种踏实的工作态度，受到了领导和同事们的一致好评。一年之后经过正常的工作调动，杨晨进入组织部。在工作能力得到认可的情况下，杨晨得到政法委的青睐，顺利地进入朝阳区政法委工作。

工作之初心理解读

对于高校毕业生而言，刚刚步入职场，来自心理上的压力与纠结是难以克服的。以法大学子为例，毕业于名牌大学的法大学子们走向社会之时，普遍都有一种要在社会上大干一场、闯出自己的一番天地的想法。但是许多人或在找工作方面遇到种种难题，或初入职场即遭受挫折，或未受到重用被分配到最

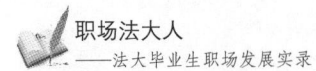
基层的岗位上做默默无闻的工作，甚至你的领导或上司，在学历和某些能力方面还不及你，却要经常对你的工作指手画脚、颐指气使。在出现这样的情况时该如何调节自己的情绪，杨晨说这种情况在社会之中十分常见，是不可避免的。首先我们在初入职场之前就应该做好充足的心理准备，在实际遭遇这种情况时，应多采取心理疗法，多安慰自己。例如对自己说，"天将降大任于斯人也，必先苦其心志，劳其筋骨"等；其次在工作之时，我们应该秉持着一种工作不分分内外的原则，多干一点是不会吃亏的，尤其是在办公室工作的新人，这种工作心态是一定要秉持的，这样做对于拉近与同事、领导的关系是十分有益的，也方便自己日后工作的开展。

未来工作的挑战

杨晨的工作在整个机关里主要是起到一个承上启下的作用：主要负责在上级机关举行会议时的操办工作，或上级领导交派的其他任务，或为基层同志们向上级部门传递建议，等等。对下是保证上级决策和指示能否顺利传达到下级机关，并且被认真贯彻执行的一个枢纽作用。并且还兼顾了许多零星的琐事，例如办公室内部的其他各种日常工作，以及其他机关来访接待等，可以说工作量是非常繁重的。在被问及未来在工作方面还有哪些挑战时，杨晨说："未来的工作挑战，主要还是涉及职务晋升方面，现如今在我国的公务员体制大框架下，针对表现优异者给予的职务晋升机会，基本都是维持三年一次调整的情况，我在当前的岗位上工作了两年多，在未来的一段时间内，可能就要面临着职务能否顺利晋升的问题。这是在未来的一段时间内，我面临的最大挑战。"

不忘初心

在采访临近尾声时，杨晨为还在校园的师弟师妹们给出了一些建议。他说："不忘初心，脚踏实地，吃亏是福。"

何谓"不忘初心"，咱们中国政法大学是全中国诞生公检法律人才最多的学校，许多同学毕业之后选择走向仕途。在从事司法工作的过程当中，也许你会遭遇许多挑战，甚至可能会看到许多不公平之事。也许当时的你只是一个名不见经传的小人物，没有能力、也没有资格去管。但是不论现实与理想的差距有多大，我们一定不要忘记当初从事司法工作时所许下的"报效祖国，为人民谋福利"的誓言。等到自己羽翼丰满的那一天，一定要做到"不忘初心"，去兑现自己当日许下的誓言。

何谓"脚踏实地"，就是在工作时一定要踏踏实实，一步一个脚印，千万不要"吃着碗里的，看着锅里的"，是金子在哪里都会发光，在平凡的岗位上做出不平凡的业绩，才是最大的胜利。

何谓"吃亏是福"，在初入职场时，大家都是从零开始的，每个人从稚嫩到成熟，在这期间会经历许许多多的困难与挫折，但也并不是每个人都能经受住这些考验。优胜劣汰的丛林法则，自古以来就被奋斗在路上的人们奉为经典。这个社会每天在变化，比你强的大有人在。在工作中最积极的态度就是一直秉持着吃亏是福的原则，坚信多干一点就可以多一分收获，一定要以一种积极的心态去迎接工作当中的"福气"。

（文/肖禹榛）

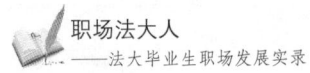
从阴差阳错到不可分割

——访北京市昌平区人民法院杨帆

【人物简介】杨帆，男，2005 年进入中国政法大学攻读硕士研究生，2010 年攻读博士研究生，2013 年毕业，现担任北京市昌平人民法院东小口法庭副庭长。

杨帆 2008 年硕士研究生毕业便开始了法院的工作，在法院工作期间完成了博士学位的攻读，至今进入职场已将近十年，当被问起当初为何要选择修读法律专业时，他坦然道，没有什么很强的主动性，人生选择充满了偶然性。当时的学生不像现在的年轻人对未来的职业发展有着很长远的规划，对于专业选择较为自主，当时他们主要还是靠长辈的意见来选择修读的专业，而在长辈们眼中的好专业，无非就是考虑日后是否好就业，他便"阴差阳错"地修读了法律，当然修读以后发现自己确实很喜欢，所以才能在法律的道路上走到现在。

职业历程

刚进入法院工作时，杨帆并不担心会遇到什么困难，因为他相信年轻人刚进入职场主要的任务就是学习，知识欠缺所带来的困难是不可避免的。因为没有职场的知识、社会的经验，工作确实不会得心应手，但是经过了一段时间的磨炼，慢慢熟悉工作上的细节和技巧，便逐渐能够驾驭法院的工作。对于困难，杨帆则认为是一直存在的，随着年龄的增长，面临的困难和压力可能会更大，例如面临着职业发展的瓶颈，或是工作上面对着不同方面的压力，困难的形式和解决方式会不一样，现在的困难也比当初入职时更复杂。因此，他勉励师弟师妹，在学业期间遇到的困难只是小挫折，不要太在意，以后回首时也会觉得不值一提。目前杨帆在法院的主要工作是审理案件，谈及审理案件时的心情和感受，他坦言现在审理案件会怀着平常心，与第一次审理案件时的兴奋之情已经截然不同。第一次穿起法官袍，敲响法官槌，这一神圣时刻永远铭记在杨帆的心中。

时间回到 2015 年 3 月，杨帆审理的王玉强诉北京市昌平区住建委行政批复案经过层层选拔，在众多北京法院案件中脱颖

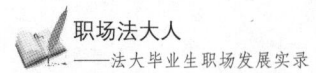

而出，入选北京法院"首例"案件。这是 2015 年《行政诉讼法》施行后，北京首例以附带审查的方式认定行政机关规范性文件违法的案件，在行政诉讼规范文件附带审查方面，具有重要示范意义，曾被评为"北京市法院新行政诉讼法实施一周年十大典型行政案件"。杨帆在采访中畅谈了自己在主审此案时积极探索未知领域，力求在合法性与合理性、法律与政策之间、保护行政相对人合法权益与监督政府依法行政之间找到一条平衡之道的体会和感悟。长期以来，法院坚持将专业审判人才队伍建设放在重要位置，集中优势资源，着力培养"专家型法官"，杨帆就是其中典型代表。此次成功审理"首例"案件，充分展现了杨帆追求公平正义的责任感、严谨细致的工作作风，体现了法院法官的集体智慧。树立崇高的职业追求，进一步提升审判执行能力，推进法治建设。

此外，杨帆立足于我国当下城镇化的大背景，根据其在人民法庭的工作经验与感悟，深入思考并撰写了《城镇化背景下的人民法庭功能定位》一文，剖析了当下人民法庭的功能定位，得到了评审专家的认可和赞赏，荣获该征文活动三等奖。

职场经验

由于杨帆所在的昌平区人民法院东小口法庭位于天通苑社区附近，此地常住人口高达几十万，被称为"亚洲最大的社区"，家事纠纷、邻里纠纷是这里发生最多的矛盾。并且这里还有一个鲜明特点，便是上班族早出晚归的"潮汐"现象突出——白天上班很难找到人。这个现象曾一度让负责这里的法官们发愁，在正常的上班时间去送达文件，经常是无功而返，正常的工作日开庭总有当事人因故缺席，为应对此类情况，该法庭设立了夜间法庭，杨帆告诉笔者，他为了照顾当事人时间决定在晚上七点开庭，光是 2015 年东小口法庭夜间共开庭 96 次，假日开庭 70 余次，集中夜间送达 11 次，背后都是法官们利用休息时间工作的身影。由此可见法官的工作非常辛苦，杨帆却不以为意，他说："2001 年，我懵懵懂懂地迈进了法学院的大门，彼时尚不知法学为何物，就这样一路走来，17 年未曾离开法律这个领域。早在大学期间我就深深地热爱上法律职业，并立志要将法律作为自己的终身职业，要为中国的法治贡献自己的力量，这应该就是我的起点和初心。成为一名法官，我常感能从事自己热爱的职业是何其之幸，纵使槛外潮起潮落、众声纷扰，纵使路途艰险，压力重重、每每念及初心，总能增添一分定力，减少一分浮躁。"

对于打算前往法院工作的同学，杨帆有以下意见和建议：首先是法律知识，如果学得不到位，基本功不扎实，工作时会更加吃力，而且会面临同仁的比较，所以在校期间需要好好巩固自己的专业知识。在此基础上，可以提高个人在不同方面的能力，例如参加不同的社团和学生活动，培养个人的社交能力和与人交往能力。杨帆在本科和硕士期间便一直积极参加学生会的工作，期间锻炼出的能力为现在的工作带来很多益处。他坦言道，工作和社会本身面临的环境是多元和复杂的，只掌握学术的知识不足以应对目前生活和工作中的一切。杨帆指出，应届大学生现在主要面对的挑战是这个不断发生着变化的时代。目前北京市入职的窗口在 2011 至 2012 年期间便逐渐开始关紧，北京由于人口数量剧增后，资源的分配逐渐进入基本饱和的状态，2012 年以后毕业的大学生面临着就业不太顺利、留京不太容易、户口不好落户等一系列问题，但实际上在杨帆刚进入职场的时期，进入私企解决户口也并非不可能，虽然加入公务员能够解决户口和留京问题，但很多年轻人因为公务员的"性价

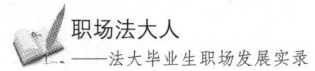
比不高"、收入较低、房价太贵等原因，不愿意来做公务员。但如果能够成为一名法官，目前国家在司法改革后对法官薪资的政策保障还是比较到位的。杨帆说目前国家规定法官的工资要高于普通公务员工作的50%，而且法官还有单独的职业序列，工资是与其等级挂钩。就目前而言，司法改革各项政策落实到位以后差距不会特别大，因为刚走出校门的大学生收入不会特别高。杨帆说："目前法院正面临着职业发展的路径问题。未来的法官将会进行遴选等选拔机制，需要分批分拨的委任法官，快的可能五年，慢的可能是七至八年才能成为法官，不像我们当年入职三年就可以。"现在要成为法官需要一个较长时间的积累过程，并且如果五年内能够正式成为法官确实很不错，走上一条顺畅的道路，但如果不能，可能就会开始考虑其他的问题。这个时候，如果同样在律师行业工作了五年，已经有一定的积累，正好迈过去一个坎，他的收入就会有一个倍增效益，而你的职业发展上却没有一个倍增的效应。如果没有第一批成为法官，心理会受其影响，所以在选择成为法官之前，需要做好心理准备。对于想在法院实习的同学，杨帆也有话要说，法院虽然长年都在招收实习生，但对于实习生有一定的要求，首先是需要保证较长的工作时间。他对记者说，现在的学生很多时候都是只有半天的空闲时间可以投入到法院的工作上，这对法院的工作不能起到较大的帮助作用，因此法院会拒绝实习申请。他坦言道："其实法院是非常欢迎同学们来实习的，但是需要每周投入三天或以上的时间在工作上，如果单纯是为了满足好奇心过来看看，法院是会拒绝的。"

师兄寄语

对于在校的师弟师妹们，杨帆鼓励道："好好学习、天天向上才是王道，多学习、多积累、多表达、多交朋友终归是没有坏处的，这些事情你们的父辈们、前辈们应该都跟你们说过，其实关键不是要靠别人怎么说，是要靠自己要如何落实。许多过来人即使分享他的经验也仅仅具有参考价值，到头来还是需要自己去感受。"师兄还提醒道："在校期间需要在各种关系中找到平衡，例如要搞好同学之间的关系，未来进入社会后再回头去看同学之间的友情是非常珍贵的，并且要在各种社团活动与学习之间、各门学科之间、娱乐和学习之间找到其平衡点，不要因为喜欢某种活动而耽误了学习。"最后杨帆勉励我们这班年轻人需要多体验、多摔跟头、多总结，不断地让自己更优秀、更强大。"这是一个原则，把握这个原则就行了，而原则的具体细节那都是自己摸爬滚打摔出来的，自己体会，别人说是没有用的。"

（文/张敬游）

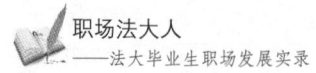

法治之火　可以燎原

——访拉萨市城关区人民法院高振军

【人物简介】高振军，男，2009 年至 2013 年就读于中国政法大学民商经济法学院。毕业后，满怀对西藏的热爱与对法治的信仰，他与 60 多名大学生参与"智力援藏"项目，走进西藏自治区，成为拉萨市城关区人民法院执行局的一员。2014 年 8 月任审判员，2016 年 7 月至今就职于拉萨市城关区人民法院民事审判一庭。其中 2014 年 10 月至 2014 年 12 月，高振军在北京国家法官学院培训，2017 年 7 月至 2017 年 9 月在北京海淀区人民法院交流锻炼。

　　自高振军 2013 年夏天来到西藏，成为"智力援藏"的一份子加入拉萨市城关区人民法院至今，已有近五年时光。在西藏生活与工作的日子舒适、惬意、自由，又带着一份为西部地区普及法律、为国家法治建设增砖添瓦的使命感，高振军享受着这一段对大多数人来说特殊又难得的人生经历。

　　2013 年夏天，高振军与身边大多数应届毕业生一样，面临着就业求职的选择困境。在许多个就业选择中，高振军对西藏的工作机会产生了前所未有的兴趣。"我向往自由的生活，不喜欢被束缚。"就这样，对西藏自由生活的向往指引着他一步步地从北京来到海拔 3500 米的陌生城市——拉萨，从而开启了他人生前所未有的体验。

　　拉萨是一个多元文化交融、充满魅力的城市。拉萨外来人口较多，约有 30 万流动人口，城市建设也发展迅速，时新的流行元素，例如共享单车等也已出现在了拉萨的大街小巷、各个角落。拉萨虽然海拔较高，但气温适宜，一般人的身体都能适应。夏季多夜雨，五月到九月基本上每天晚上都下雨，白天晴天，清爽舒畅。拉萨的冬天有些干燥，天气暖和，白天最高温度在 17 摄氏度左右。高振军很喜欢拉萨冬天的阳光，温暖、灿烂，天空澄净湛蓝，这样的天色使得人心情舒畅，连带着工作氛围也一片欢乐。在饮食方面，拉萨也是个美食之城，从全国各地奔赴拉萨的人们带来了各具特色的丰富美食，特别是重口爽辣的四川味道。当然，拉萨本地的西北面食也正宗到令人馋嘴。

　　高振军所在的拉萨市城关区人民法院是拉萨唯一的一个市辖区法院，法院年收案在 5000 件左右，个人每年办案约在 150 件左右。他刚入职在执行局，做司法执行、处理查封扣押拍卖等工作，两年半之后调任民事审判部门，从事民事审判工作。

初来拉萨时，高振军在工作上遇到了不少难题，总结起来有两方面：其一是语言问题。虽然城关区人民法院的案件涉及的当事人大多是外来人口，但也有不少是藏族当事人的案件，虽然他们基本上都会一些普通话，但是因为宗教体系、价值观念、生活方式的不同，让藏族同胞理解一些法律术语的难度很大，解释起来也比较困难。高振军解释道，在不同的社会背景和价值体系中落实法律观念的难度不容小觑，值得重视。其二是由于发展不足，很多东西与实际相结合困难。一些法律规定，内地的做法很成熟，但是西藏没有相关实践，因此把理论落实到实践中、建立有关制度并推广，让同事支持、接受，不是一件容易的事情。"但是对于我来说，依然会努力做这样的尝试，这是一件很有成就感的事情。"高振军说。

面对这些难题，高振军做了积极的探索，他发现在一些藏族同胞的认知中，宗教信仰很重要，有些藏族同胞甚至会把解决他们自身实际困境的法律当作宗教信仰去接受、信仰，高振军认为这样并没有深入渗透法律精神。因此，这几年他一直在学习一些藏族习俗和他们的宗教信仰，希望能结合它们的价值和表象，将法律普及得更加深入。在平日的工作中，多做事、多帮忙，在同事之间树立威信，推广一些新的法律方法、理念、制度，让大家能够信服你，觉得能够解决实际问题、提高效率，也就形成良性循环了。

五年的工作生涯，高振军经手的案子数不胜数，有这么一个执行案件令他印象尤为深刻。原告在客运过程中受伤，向客运站公司索赔，胜诉后申请强制执行，客运站公司拒不支付。经过调查，高振军发现客运站公司已经被其他公司合并收购了，但是收购正在进行中，工商手续并没有变更。收购方认为索赔这件事与自己无关，客运站公司称财产已经移交给收购方了，双方互相推诿。考虑到按照正常程序调查收购事宜时间较长，原告急需治疗，而高振军在执行过程中去往车站调查，发现客运站公司依然在以自己的名义售票，他灵机一动，自己掏钱买了一张票，作为证据申请查封售票室、扣押账目和售票款进行审查，迫于证据与压力，收购方认可了收购事宜，主动承担了支付义务，最终解决了案件，使原告及时得到积极的治疗。回忆起这个案件，高振军感触颇深，他说，民事诉讼关于执行的规定比较原则化，在符合规定的前提下，能否扩展思维，为当事方着想，发挥法官能动性，决定了案件执行效率的高低。这个案子虽然标的额不大，但是是高振军刚开始办案一个月的作品，得到了领导与同事的认可，也成为他职业生涯精彩绝伦的开场。

工作之余，高振军在拉萨的生活也多姿多彩。他说，重要的是有一些圈子，加入他们，让你的业余生活更加丰富。下班之后，高振军喜欢骑车，一边锻炼一边欣赏沿途风景，也跟朋友们聚会、游戏，偶尔一起打打牌，或者宅在家里看看电影。他还热心于公益活动，加入了拉萨一些公益团体。高振军的父母在内地老家，他休假的时候就会回家看望父母以及出门旅行。

由于西藏的地理和政策条件都比较特殊，高振军详细介绍了在西藏工作的许多福利政策。西藏各方面发展比较迟，人才缺口比较大，因此每年通过各种渠道到内地招收人才。目前除了国考以外，地方公务员考试往往限制户籍。2013年西藏推出一个人才引进政策，不限户籍，到内地著名高校引进人才，招收后从事政府机关、事业单位、高校和其他学校的工作。高振军就是通过自治区党委组织部进藏工作的，同期还有北京其他高校的同学。除了自治区级别的，公安厅等单位也在自行引进人才。

就待遇和休假问题，目前通过改革之后，本科毕业刚入职

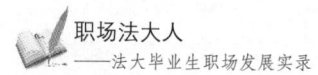

的公务员应发工资有七千五百左右，扣除五险一金后，实发工资有六千多。除此之外根据单位的不同可以享受每月一定金额的全勤或者其他补贴。每年每人可以有五十天的带薪休假，休假除了工资外，享受至少一万元的休假补贴。年底发双薪，即多发一个月工资。因此每年实发收入应在十万元，应发约十三万元左右。考虑高原补贴因素，西藏的五险一金标准高于内地。另外有一些地方性节日，各单位放假，比如藏历新年放假一个黄金周，八月份会有另外一个黄金周。根据西藏特殊照顾政策，工作满二十五年可以退休。工作十年如有内地单位接收，可以申请调动。"西藏人才紧缺，如果确实踏实肯干，上升通道还是比较顺畅的。"高振军说。

在西藏工作的五年也让高振军收获满满，在西藏，带着一种深刻的情怀，从事法官这个工作，首先有成就感，其次也能够解决一些有价值的问题。并且西藏的佛教背景比较深厚，高僧大德传播佛教，按照他们的说法，传法不计成败，不计得失，不计辛苦，这是自己的责任，也是自己的功德。另外，不仅拥有了健康的身体，在学习专业知识的同时，有了一些人文社科和通识知识的积累，看问题有多重视角和观念以及方法论做铺垫，这些都令高振军受益匪浅。高振军还在2014年和2017年两次赴北京参加法官培训和交流锻炼，体验了一下不同法院的做法，包括业务方面、法院文化建设方面、人才培养方面。不同的地方有不同的特色，能够多体验、多经历，也是对自己的一种锻炼和收获。

"尽可能锻炼自己，丰富自己，不限制自己，那就一切皆有可能。"高振军送给法大的师弟师妹们这样的一句话。经历是最大的财富，这同样也是高振军对这五年的拉萨生活最好的总结。

（文/王静）

与正义同行

——访证监会稽查总队王一

【人物简介】王一，男，中国政法大学 2004 级法律硕士。于 2007 年自法大毕业后就职于北京市大兴区法院；2010 年至 2012 年先后担任北京市大兴区法院办公室主任助理、执行二庭副庭长；2012 年 9 月于北京市大兴区组织部调往证监会稽查总队工作至今，现担任证监会稽查总队副处长。

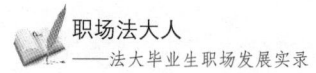
自 2007 年于中国政法大学硕士毕业，辗转法院、证监会之间，从事法律相关工作十余年的王一回想起大学时的自己，给出的评价是"一个富有正义感的人"。时值 21 世纪之初，我国资本市场蓬勃发展。与此同时，为了追逐利益而导致的不法行为也接踵而至："德隆"案、"银广厦财务造假案"等震惊业内外，王一自那时心中就隐隐种下了一颗种子——有一天以自己所学与资本市场的不法行为作斗争。这并不是一个空想，那颗种子终将在法院、证监会两处落地、生根、发芽。

在法大学习时期

在法大学习时期的王一是一个刻苦努力、乐于学习的人。图书馆、宿舍、体育场三点一线，就构成了他一天的全部生活，虽然简单，却过得无比充实。在学习之余，他还会参加各种形式的讲座，扩充自己的知识与视野。时至今日，他虽无法清晰记得当时讲座的内容，但是讲座对自身内心的激励仍然久久不衰。有一些讲座他至今记忆犹新：如美国最高法院大法官肯尼迪的讲座、侵华日军细菌战中国受害诉讼原告团团长王选的讲座、我国台湾地区前新党主席谢启大的讲座、个性官员山西长治原市委书记吕日周的讲座等。2006 年暑期王一参加了第二届全国财税法研究生暑期学校，有幸聆听荷兰、日本、我国台湾地区以及我国大陆地区财税法学界著名学者及税收立法、行政部门专家的授课，在这次活动中，他第一次真正领略到了一流学术大咖的风采，并且拓宽了自己的视野。

通过读书来积累专业知识，通过参加讲座来拓宽视野，知识的广泛涉猎为其将来的法律工作打下了坚实的基础。尽管如此，王一却并没有把自己仅仅局限于象牙塔之中，他还积极参加社会实践活动。在 2004 年，他作为关键证人参与了同学刘小前起诉新东方教育在线司法考试网络课堂涉嫌欺诈一案。当时法大的学生有不少人通过该网络学习平台准备司法考试，然而令人意想不到的是，平台上 2004 年版的学习内容竟然与 2003 年版一模一样！甚至很多地方的内容也出现了错误。这就严重侵犯到了法大学子甚至广大消费者的权利。在老师的鼓励下，王一和同学们一起积极起诉，这也是王一第一次以诉讼参与人的身份走进法院感受正义的力量。此次在校大学生起诉维权的行为引起了社会的广泛关注，央视法制频道转播了庭审现场，该案最终达成庭外和解。这个事件为王一积攒下了宝贵的实践经验，也为他今后的学习工作树立了信心，并且更加坚定了他维护社会正义的信念。

证监会时期

王一现工作于证监会稽查总队，负责承办证券期货市场内幕交易、市场操纵、虚假陈述、欺诈发行、老鼠仓等重大、紧急、敏感以及跨区域案件调查。有些案件是媒体已经报道披露的，还有很多案件并未公之于众，办案过程也许更为精彩。"可以说最聪明的人、最爱投机的人都集中于金融领域尤其是资本市场，而我们在'明处'天天被他们研究；那些违法主体通常拥有强大的社会资源，有各路专家提供智力支持，和这些人斗智斗勇，我们本领恐慌意识是比较强的。"王一谈到自己工作时说道，可见证监会的工作时时处处都充满着难题和挑战。

尽管如此，王一并没有畏惧，反而更加乐于接受挑战。为了应对这些挑战，他始终保持着主动学习的习惯。除了从书本上习得基本的知识外，在处理每一起案件前，他会将该案件涉及的行业特点、业务模式、市场情况等背景知识都掌握于心。

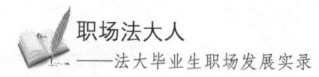
其次，他还善于从对手身上学习。"和聪明人打交道，也就是向聪明人学习的机会。实践中和不同的人打交道，可以更容易发现自己有哪些薄弱的地方，在这个过程中也就使自己得到了提升。"王一这样说道。

在面对实力强大的对手时，王一并不是孤军奋战，案件调查是一个团队行动，在调查组中，每个组员都各有专长。虽然每个人可能只擅长某一点、某一个面，但是所有人汇集起来将是一个强有力的整体，最终案件的胜利将是团队的胜利。"我的工作可能不是很讲求一个人的英雄主义，我们更强调的是团队的集体主义。"王一这样说道。

工作于证监会似乎也圆了王一年轻时候的梦想。大学时期的他阅读财经杂志，读到资本市场执法者同资本大鳄如何交锋的内容，心向往之。如今真正来到证监会，切身从事了年少时所向往的事业，赴了年少之约。而那些年少时所崇拜的对象，当年处理轰动一时案件的调查人员，现在更是成为自己的领导。对于王一来说，这似乎也是冥冥之中的一种缘分。

尽管困难重重，王一在工作中还是取得了一定的成就，主办的案件连年入选证监会年度典型案件。2017年北京市高级人民法院发布了党的十八大以来的十大金融典型行政案件，其中"周某某诉中国证券监督管理委员会行政处罚"一案，王一参与调查并作为证监会代理人参与诉讼，最终法院依法驳回了周某某的诉讼请求。该案件明确了证券处罚行刑衔接过程中刑事司法机关所获取的证据及有关认定意见对证券行政处罚的适用效力，并对内幕信息行为人主观知悉状态的认定标准进行了探索，对资本市场法治发展具有典型意义，也是对王一个人扎实的法律功底和过硬的业务素质的考验。

法院与证监会

王一在进入证监会之前工作于法院。"相对于法院，我更喜欢证监会，觉得证监会可能更适合自己。"王一这样说道。在两者中均体验过之后，才更能感受到二者的区别。由于在证监会处理的是从各级领导、广大媒体到普通老百姓、中小股民都比较关注的事情，因此证监会工作常常需要启动"快速应急反应机制"：一旦资本市场出现问题，他们必须第一时间冲到前线进行调查取证、积极主动发现、解决问题，在有些情况下更要求调查人员具有前瞻性，尽早地发现市场中所存在的隐患。而法院工作则具有被动、中立性，法官需要等一切的材料准备齐全后再依据相应的标准在职责范围内对案件进行评价考量。

在另一个方面，证监会的工作相对来说更充满挑战性和相对更有意义。由于资本市场发展较快，因此他所需要解决的案子涉及的相关事项都是不一样的。而在法院工作中，同类型的案子就显得非常多。相对于重复的工作，王一更喜欢不断变化的挑战。"因为资本市场案件调查工作相对显得更有意义。案件调查结果不仅体现为对违法人员进行处罚，更重要的是通过一个又一个具体的案件的积累，切实推动资本市场相关制度规则的完善，进而推动资本市场的发展。你身处其中时并不在意，蓦然回首发现原来自己参与了历史进程，这种成就感是我喜欢证监会工作的一大原因。"王一说道。

尽管如此，在法院工作的经历还是对王一后来在证监会工作起到了很大的帮助作用。用他的话来说，就是前期法院的工作对后期证监会的工作起到了很好的铺垫作用。法院的工作不仅培养了他良好的职业习惯、严谨的法律思维以及证据意识，更重要的是，一名法官一年至少可以接触到四五百当事人，在

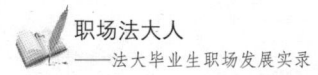
这样的工作中，他学会了如何更好地与人打交道。对于王一来说，法院确实是一个难得的自我锻炼的平台。

如今，王一已经在证监会工作了六七个年头，他还是喜爱着这里。"在这里，你可以接触到社会各个层次的人。不管是银行、券商、基金高管，上市公司老板、高管还是普通工作人员、中小投资者、大牛散；不管是央企老总、政府官员还是影视体育明星、专家学者，我们都可以接触到。这就让工作变得非常有趣了。"王一谈道。也有不少同事将证监会作为一个很好的跳板，工作几年后转而从事资本市场其他方面的工作。在被问及是否也有下海从商的想法，王一笑着说道："目前还没有。相对来说，我还是更喜欢和那些人斗智斗勇，我还是比较适合这里。"

给年轻人的建议

中国有 1 亿股民，相对于其他部委，证监会社会关注度比较高，但是想要到这里工作却相对来说不太容易，竞争比较激烈。尽管非常需要法律人才，但是仅仅掌握法律知识在证监会工作还是不够的，证监会所需要的是掌握法律知识、财务知识、金融知识的复合型人才；如果从事监管执法工作，还要善于同人打交道，要灵活应变、有勇有谋，否则会被资本市场上的"聪明人"耍得团团转。

也正是因为资本市场"江湖太险恶"，王一并不建议大学生一毕业就前往证监会工作。因为资本市场监管执法是一门实践性很强的社会工作，不仅同"事"打交道，更重要的是同"人"打交道，"要会武功，还要懂江湖"，大学应届毕业生尚未接触过社会，自身还只是一张白纸。所以建议最好先到社会中工作几年后，具备了一些社会阅历，再来也不迟。

　　在采访的最后，王一送给未来想要进入证监会的法大同学几点建议。他说道："首先在知识储备方面，法律职业资格是必备的，还要掌握基本的证券期货知识和财务知识；证券从业资格、期货从业资格、基金从业资格三个证书中至少考一个，如果有注册会计师资格或者 CFA 当然更好了；其次对资本市场热点问题要有所关注，至少三大证券报头版要经常看一看；再次比较重要的一点，要学会从法律专业角度去分析证券、财务问题；最后，因为工作要面临经常加班或频繁出差，所以锻炼好身体是非常重要的。"

（文/杨泽龙）

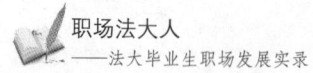

争当螺丝钉

——访共青团北京市委员会苗少敬

【人物简介】苗少敬，男，中国政法大学国际法学院 2004 级法学专业本科生，目前就职于共青团北京市委员会。

2008 年 7 月，刚毕业的苗少敬便与同校的两名同学来到北京市房山区担任大学生村官，他们是北京市选聘高校毕业生到村任职政策实施之后的第三批村官，同他们一起奔赴农村的还有其他来自全市不同院校的 2000 余名大学生。在村里度过职业生涯的最初时光之后，他被借调到了街道宣传部信息调研科，在这个岗位上工作了两年多的时间，实现了从一名懵懂学子到职场人的彻底转变。期间，他还先后两次被借调到区委研究室，参与了若干重要文稿的起草工作。2010 年底，苗少敬通过了北京市公务员公开招考，到北京团市委工作，今年已是第八个年头。回顾自己十年工作生涯，苗少敬这样评价："从农村到街道，再到区里、市里，每个层级的工作都有自身的特点，都是从陌生、不知所措到熟练、充实的过程，这种一步一个脚印向上、向前的磨砺，最为充实，也最为踏实。"当记者问起最初的职业规划是否和他目前的职业相吻合时，他说一切都得从大学期间说起。

大一的时候，苗少敬便加入了农村与法治研究会，这个社团由一群对农村、农业、农民感兴趣、有感情的学生组成，他们经常组织各类调研、座谈、交流活动。但最让苗少敬记忆深刻的是去所谓"上访村"的一次调研，那些宁可在北京露宿街头、靠乞讨为生也要手举诉状、申诉冤屈的"上访户"让他内心久久不能平静。大三实习的时候，苗少敬和几个同学选择了去司法部燕城监狱，这是司法部唯一的直属监狱。看似与所学专业不太相关，而且与很多同学选择去法院、检察院、政府机关实习相比，确实比较冷门。但他却说这段实习让他受益匪浅，虽然只待了一个半月的时间，但他参与的工作从最开始的跑跑腿、送送文件、打打电话，到后来协助整理表格、协调联络工作，再到最后起草简单的文稿，在这个过程中，他对于机关的

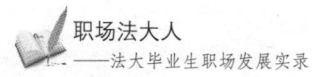

日常运行规律和所需技能有了较深的了解。实习结束的欢送会上，负责带他的科室负责人认真地说："小苗，有意愿的话，毕业时可以考虑参加公务员考试，来燕城监狱来工作，你的踏实劲正是机关所需要的。"这句话让他更加坚定了当公务员的选择。

对于大学生开展暑期实习，苗少敬认为是很有必要的。因为这是大学生直接接触社会为数不多的机会，一方面可以更好地认识社会，另一方面，也可以找到自己与社会所需之间存在的差距，尽快弥补。他建议，学校可以制度化地帮助学生安排一些与专业相关的实习机会，提前熟悉未来的工作环境。同时，要做好统筹，加强对实习的过程管理和对学生的动态关心，不仅仅是要求提交实习报告这么简单，还要与实习单位沟通了解学生实习情况，并通过与学生谈心谈话，掌握学生的思想动态和实习感受。

职场感悟

苗少敬说，他工作十年来主要都是跟文字打交道。村官第一天报到，村支部书记像看到救星一样，对其他人说："赶快给小苗把电脑配上，这以后是咱们村的文人"。工作一段时间之后，苗少敬才发现，村"两委"的干部普遍岁数比较大，很多连电脑都不会用，更别说打字、写稿了。不久他就被借调到了街道宣传部，宣传部长跟他谈话时说："我反复研究了你们这一批的村官名单，一眼就相中了你，政法大学是名牌大学，你学的又是文科专业，肯定能写。"说得他自己心里都打鼓，在学校除了写论文之外没干过文字工作的自己到底行不行？但现实容不得他说不行。所幸他所在科室的科长比较会带干部，手把手地教他如何组织文稿，包括开始怎么找资料、列提纲，过程中怎么遣词造句，写完之后如何拔高、提升，最后怎么校稿，教的非常细。而且敢于放手，没过多长时间，苗少敬开始写"一把手"的调研报告、讲话。半年之后，部内的文字工作基本都让他来负责。

从此，苗少敬便与文字工作结下不解之缘，在房山区任职大学生村官期间，他先后两次被借调到区委研究室参与全会报告的起草，承担区级重点调研课题的撰写。到北京团市委工作之后，无论是在战线部门还是综合部门，都离不开文字工作。苗少敬说，有志当公务员的同学，一定要把自己的文字水平练上去，这是机关工作的一个基础能力，无论你在哪个单位、哪个岗位，很多工作不是靠动动嘴、跑跑腿就能完成的，绝大多数工作，包括一开始作计划、过程中的落实情况、最后的总结都要体现到文字上。但说实话，文字工作是个苦差事，加班熬夜是常态，别人下班正点走了，写稿子的人却要开启晚上的奋斗征程。所以，大部分人不喜欢文字工作。但如果从另外一个角度来讲，如果你愿意干那些别人不愿意干的事情，而且在把这件事干好的同时提升了个人能力，那你就是比别人优秀。文字工作就是这样的工作，至少在机关，是把你跟其他人区分开来的重要途径。

职场建议

结合自己的工作实践，苗少敬对即将步入职场的师弟师妹们提了三点建议。

首先，既要全面发展，更要聚焦主业。大家进入大学后会发现，学校有各式各样的社团，有"官方"的，也有"民间"自组织的，专攻方向都不太一样。对于社团，最重要的是要学会鉴别，为什么要参加，参加之后可以提升哪方面的能力。一

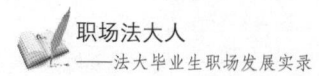
切都要围绕提升个人能力和有益职业发展为前提。当然,大学期间,最重要的主业还是学习。只有将自己的专业学精、学深、学透,才是今后就业的最重要保证。提升学习成绩的最重要途径和方法就是投入更多的精力,如果你比其他人勤奋,你的学习成绩就会提升很快,反之则会落后很多。习近平总书记在党的十八大报告中强调,青年要有理想、有本领、有担当。本领怎么锻炼?对于大学生来讲,就是靠学习。法学这门学科的专业性很强,也是我们今后从业的看家本领。很多人有一种错误认知,就是即使我没认真学,经过大学四年的熏陶,我起码也会培养一种法律素养、法律意识。这是毫无逻辑的,更多地是寻求自我安慰的借口。没有过硬的知识储备作基础,所谓的素养和意识转瞬即逝。当你回顾你的大学生涯,如果记忆中只有宿舍、篮球场、服务楼和周边商场、饭店,那你的大学便是失败的,那些在图书馆、教室留下深刻印记的人,才是后劲十足、笑到最后的人。

其次,既要志向远大,更要脚踏实地。很多同学毕业之后选择就业方向习惯往"上"看,非中央国家机关、银行总部、总公司不去。当然,如果能去肯定非常好,起码起点会比别人高一些,但也要承担更多的压力。特别是对于公务员来说,具备一定年限的基层工作经历成为必要条件,很多中央、省市级机关公务员,都开始有安排地到基层历练。当前关心关爱干部的重点也是基层干部,包括职级和待遇的提升,很多都会向基层干部倾斜。以大学生村官为例,三年期满后,中央和省市级机关会专门拿出一部分岗位面向大学生村官进行招考。习近平总书记在给青年的回信中,给基层青年回的是最多的,包括大学生村官、边远山区支教的大学生等,这种导向是很明确的。在基层工作对一个人的锻炼是全方位的,基层是社会治理的最末端，是与群众打交道最前沿，你的一言一行都看在群众眼里，也可能会影响群众切实利益，怎么说、怎么做无时无刻不在考验着个人的能力和素养。通过这样的考验，便会掌握群众工作本领，而这个本领会支撑你在公务员这条道路上一直走下去。而且，在基层工作，接触社会百态，更能了解这个社会是怎么运行的，老百姓在想什么、想要什么，跟他们交道打多了，无论你今后走到哪里，都会站在群众的视角看问题、想办法，群众也更能接纳你、把你当作自己人。总之，从基层开始一步一步往上走，对于一名年轻人来说，这样的成长步伐更扎实、更牢固。

最后，既要守得住繁华，更要耐得住寂寞。年轻人的特点就是敢打敢拼。对于一个机关来说，很需要这种拼劲和朝气。所以刚到一个单位，对于领导交办的事儿，要拿出120%的精力去做。当然，也不能一味地往前冲，只关注领导关注的事或只干领导交办的事，肯定是不行的。在机关还要学会干那些不惹人关注或是别人不愿意干的事。这是考验一个人素养的时候，如果你能把那些其他人不愿意干的事干好，你的长处和优势就凸显出来了。很多人都在担心，我干的工作领导不知道怎么办？别人都在干出风头的事，我却干不起眼的工作，是不是傻？其实我们干的所有工作，只要持之以恒地干下去，领导都看在眼里、记在心里，组织不会让老实人吃亏，不会让流汗的人流泪。我们要做的就是把工作做好，把成长发展交给组织。大家要善于甚至乐于从一点一滴的小事做起，因为我们每个人都是这个社会或者这个国家大机器上的一颗螺丝钉，把自己负责的琐碎事干好了，就是对整个机器运转的巨大帮助。如果你这个环节出了一点问题，对于全局的影响也是很大的。抗战胜利70周年阅兵中，很多青年志愿者由于岗位和职责所限，只能隔着"红

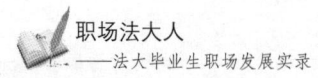
墙"听阅兵,就是对这种默默奉献精神的最好诠释。我们学校的学生具有天然的特质,那就是理解力、执行力、奉献精神都很强,知道干什么并拼尽全力去干,领导一般会比较喜欢这样的干部。同时,我们都是学法的,规则和规矩意识很强,知道底线,绝不触碰红线,这是从事公务员这个职业的基础,也是领导放心大胆提拔你的前提,需要大家坚持和发展好这个优势。

(文/张敬游)

从北京村官到大连公安

——访辽宁省大连市公安法制部门李洪亮

【人物简介】李洪亮，男，中国政法大学刑事司法学院侦查学专业 2003 级本科生，毕业后曾任北京市村官，现于辽宁大连公安法制部门工作，负责刑事案件的入口审核工作以及为基层所队提供法律咨询等工作。

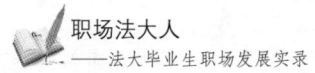
扎根基层，从稚嫩开始

虽毕业多年，李洪亮回忆起大学校园生活，语气仍是充满了怀念，他笑言，这是人生中第一次接受采访。

与大多数同学一样，大学期间的李洪亮对社会和法律行业接触并不多，只是隐隐有一个将来从事公检法工作的想法，他眼中社会的图景，也只是由厚厚的侦查学和法学理论课本以及法大教授课堂上的娓娓叙述，慢慢地勾勒出轮廓。虽说大学四年作为学生看了很多书，李洪亮还是因为专业知识基础不够扎实而感到一丝后悔，"到了工作岗位才知道什么叫作隔行如隔山，专业知识就是你的财富。"有时候也有重新回到法大校园，再把大学生活重新过一遍的冲动，回到那时候，再多花些时间在专业理论学习上，刚步入工作岗位时也会更从容一些。

毕业后李洪亮很幸运地担任了大学生村官，接触了北京农村基层的基本情况。其实那段日子算不上波澜壮阔，每天发生的都是平淡无奇的小事，以致在被问到在任职村官期间有什么记忆犹新的有意思的事发生时，他竟一时都回想不起。现实对于象牙塔里的大学生来说可能是难以通过书本上的字句进行想象的，这对李洪亮来说是一次历练，在适应实际工作模式的过程中，他既锻炼了心理承受能力，又开阔了眼界。日常的工作让他亲眼看到了党中央对新农村建设的投入和决心，也看到了其中折射出来的基层存在的一些体制机制问题、社会问题，也更明白了政治的含义。

步入社会，闯层层关隘

现在李洪亮在公安系统工作，日常会审核很多案件，多是对一些疑难案件进行研究定性，对嫌疑人是否可以采取强制措施、采取什么样的强制措施给出工作上和法律适用上的意见。"疑难案件"确实是公安工作中要面对的一个头号难题，报案人来的时候，会给公安提供一些证据，大多是书证，但是这些书证往往带有很强的主观色彩，真假难辨，一时又很难查清楚真伪。为了不耽误时机，公安局往往不得不立案调查，很多案子到头来证据不足无法处理，又不能轻易撤案，很多积案就这样产生。另外，在进行定性的时候，社会生活太复杂多变了，遇到的案件很多都是非典型案件，很难用一两点书本上的知识或者几个法条解释清楚，一些案件让刚工作的李洪亮措手不及。在实践中，慢慢地遇到的案子多了，李洪亮会对它们进行归类，也渐渐摸索出了每一类案件的解决方式。难以用单一知识解决、需要综合各方面知识来解决的案件多是一些专业性质很强的案件，比如毒品类案件、假药类案件、公司间合同纠纷与刑事案件融合的民刑交叉的案件等，都需要对毒品领域、假药领域等某个特定的社会领域有所了解，这些都需要在具体事件中不断摸索和积累，是在步入工作岗位前不能获得的。除此之外，还有一个挑战就是，法制还不健全，很多案件面临的争议点法律和司法解释都没有明确的规定，导致各地法院的判例不统一，公检法的认识上存在差异，如果没有比较深厚的理论和实践功底作支撑，就难以解决问题。

他说到一个有意思的案例，之派出所前出警时，遇到过放鸡人和养殖户之间的矛盾，鸡应该是属于谁的呢？双方争执不下甚至大打出手。双方打架是事实，并且导致了公安出警。可背后的问题是，养殖户偷卖肉鸡的行为是否构成了违法犯罪呢？这个问题在案件中较为复杂，并且是刑民交叉，也需要更多的理论知识来解决。放鸡人把鸡雏、饲料等交给养殖户，并且提供兽药和兽医，养殖户提供场地和人员来把鸡雏养成成鸡，到

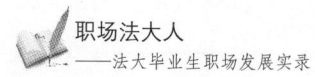

时候放鸡人再按照双方约定好的价格回收成鸡，这部分钱要扣除掉饲料和兽药的费用，有剩余就支付给养殖户，没有剩余就不给。可是有一批雏鸡是肉鸡，很容易死亡，导致养殖户赚不到钱，于是养殖户就瞒着放鸡人把肉鸡卖掉。这种行为构不构成盗窃呢？卖掉之前成鸡属于谁是关键问题，这就涉及最开始两方签订合同的性质认定。显然这个合同不是一个典型的承揽合同、买卖合同或者赠与合同等，需要结合判例和行业标准，以及此案的关键细节进行分析。其实法律相关的职业，无论是公检法还是律师行业，都存在这个问题，需要慢慢打磨，在实践中积累，是不能仅仅依赖书本上的知识一蹴而就的。与社会相关的，总是与人相关，会有千变万化的具体情形，不存在像自然科学中那样普适的公式定理。

除了对技术上有较高的要求疑难案件的认定问题对技术上有较高的要求，还有另外一种经常出现的情况，就是债权人甲以房子作抵押，乙依法院判决得到房屋，但甲就是占着房子不走，乙趁甲不在把甲的东西拿出来，保管在其他地方，对甲形成心理上的压力，有种"以赖抵赖"的性质在里面；或者有的银行与第三方签订催收协议，第三方作为"地下执法队"，拿着法院的判决裁定等去想方设法侵夺债权人的财产。这种存在自救行为和涉黑行为的情况在实际处理时不太好认定，可以算是随着社会发展出现的法律尚未涉及的地方，广泛存在却又没有统一解决方法。

这也是为什么李洪亮建议师弟师妹们在学校要打好专业基础，因为专业基础学习会提高理论分析能力和学习能力，步入岗位之后才能有基础不断学习，不断从分析新案件中找到方法，举一反三更好地应对接下来的挑战。

岁月如歌，回首的一些感念

在工作之余，李洪亮喜欢打打篮球和乒乓球，虽然没有到专业的水平，但锻炼以后能够得到很好的放松，也算是一种娱乐。说到大学生活，他有些遗憾没有好好地发展一项兴趣爱好，身边的同事或者会弹琴，在文艺晚会上可以一展风采；或者擅长一两项体育运动，能结交到很多互相切磋技艺的朋友；或者写得一手好字，钢笔字或者毛笔字，能让人刮目相看；或者演讲很出色，参加一些比赛或者活动也能给人留下深刻的印象，有一技之长的人总是能够在专业和工作之外展示自己独特的另一面，是很让人羡慕的。而且，这些工作之外的爱好多是因为内心真正热爱才去做，与糊口的工作中的事情相比更加纯粹，兴趣是最好的动力。这也是为什么李洪亮建议师弟师妹在选择自己工作时也要尽量以兴趣为先导，做的事情是自己想做的，才有源源不竭的动力，才能在这个领域达到自己所能做到的最好。

本科毕业的李洪亮偶尔也会想，如果当年再把学历提高一些就好了，如今就业饱和，人才竞争越来越激烈，学历对于就业还是十分重要的。在象牙塔的时光虽显单调，但那份宁谧是步入社会中所不能再享受的，也是静心思考、为今后道路做铺垫的最好时机。

回忆大学四年，还是感慨万千。那个时候下了晚课的李洪亮会和室友们在北门附近买一份鸡蛋灌饼，上课消耗了太多脑细胞，需要一些热量来恢复。那种在路灯下捧着热气腾腾的鸡蛋灌饼的感觉至今还记忆犹新。除了鸡蛋灌饼，在学生会里与伙伴们共同度过的时光也让李洪亮难忘，那个时候他和伙伴们负责学校举办演出、讲座等部分活动的直播工作，在场馆外架

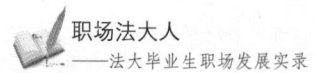

设平台方便学生观看，为校园文化宣传贡献了自己的一分力量。在场馆外或者操场上，同学们围坐在投影仪投射的大屏幕前，即使没排上票也能聆听大师的讲座、观看各种文艺演出或者关注学校的重要会议，虽然现在人人都可以通过手机上网来看各种视频，但过去那种情怀还是很让人向往。

如果有机会能见到大学时代的自己，李洪亮想对那个时候的自己说："未来是个未知数，将来的很多事情是没有办法预先确定或者知晓的，所以不要被太多当下的人和事物所迷惑，要把握好自己，度过没有遗憾的青春，努力开阔自己的眼界，努力汲取周围人的长处，让自己的未知数变得更加神秘。"这句话也是李洪亮想对法大的师弟师妹们说的。

有多种选择，才会更加神秘。而囿于别人的观点和评价，往往就会限制住本来可能会有结果的尝试。不留遗憾四个字说起来简单，其实并不容易实现，但它应该成为每个人学生时代努力实现的目标。

时光如白驹过隙，太多法大校友已远离校园多年，在天南海北、在各自的道路上实现和超越着自我。他们的笑容、言语、作出的每个选择都将封存为法大独一无二的记忆，凝聚成宝贵的精神力量，鼓舞激励着前行的一代又一代法大人。

（文/田书伦）

企业篇

职场十年　求索不止

——访南车财务有限公司王胜德

【人物简介】王胜德，男，中国政法大学 2006 届政治与公共管理学院政治学与行政学专业学生。2006 年 9 月至 2008 年 8 月，担任北京市委组织部干部在线学习中心科员。2008 年 8 月至 2012 年 8 月，担任北京市地铁运营有限公司办公室信息调研主管。2012 年 8 月至今，担任南车财务有限公司综合管理部高级行政主管。

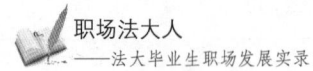

王胜德是法大 2006 届政治与公共管理学院政治学专业的本科生，不久前参与组织了 2006 届政治学专业学生毕业十周年的返校聚会。回望在法大校园里度过的青葱岁月，感触良多，时光流逝，学生时代已非近在咫尺。但十年的职场之路，同样带给他许多感悟。

职场之路：探索与进取

王胜德在本科毕业后就离开了校园，开启了他的职场之路。初始时他也有过迷茫和彷徨，他自己的意愿是去企业发展，闯出一番天地，然而他的父母却更希望他能考取公务员，拥有一份稳定的工作，过上传统观念里的理想生活。几番纠结，刚步入社会的他还是决定听从父母的建议，考取了北京市委组织部下设的一个干部培训机构，在这个事业单位里有了第一份稳定的工作。

最初工作的时候，更多的是欣喜，因为经过重重选拔而得到机会是对自身能力的肯定，而摆在面前的同样也有对未来生活的迷茫。王胜德在事业单位里开始了他的工作，勤恳认真，也不断学习积累。两年的时间里，他在单位里逐渐站稳脚跟，工作开展顺利，和领导同事的关系相处得也很融洽，日子愈发稳定。然而正是这种波澜不惊的生活让他开始重新审视自己，这是不是自己真正想要的？难道真的要这样直到职业生涯的终点？他给出的答案是否定的。最初毕业时对企业的向往又涌上了他的心头，他下定决心要改变现状，作出一次新尝试。

他的目标是北京市地铁运营有限公司。作为一个老牌国企，北京地铁那一年是第一次向社会公开招聘总部人员，提供的岗位也非常适合他。经过不懈努力和充分准备，王胜德得到了这个机会。王胜德的主要工作是陪同调研、处理公文、起草报告等，这样的工作使他有幸从一开始就处在一个比较高的站位上，对公司有更加全局性的了解。公司对新入职的员工体现了充分的重视，给予他们众多机会参与到公司的运营管理中。王胜德入职的 2008 年恰逢举办北京奥运会，这是对北京地铁系统的一次极大考验，几个小时内有条不紊地输送几十万人，王胜德有幸成为这背后的准备和付出的参与者和见证者。在北京地铁运营公司工作的几年里，王胜德迅速成长。

在北京地铁工作的过程中，王胜德逐渐发掘了自己对于金融行业的兴趣。而自己目前的工作，也到了一个上升的瓶颈期。经过一番慎重考虑，王胜德再次选择了离开。与上次不一样的是，这时的他已经充分积累了工作经验和人脉资源。这一次他的选择是南车财务有限公司，这是国内轨道交通装备制造龙头企业——中国南车集团下属的非银行金融机构。公司的主要业务是集团内部资金集中管理和为集团内成员企业提供信贷等金融服务，类似于中国南车下属的企业银行。王胜德的岗位是综合管理部高级主管，主要负责公司行政、董事会办公室、党务、人事等工作，这对于他而言游刃有余。

2015 年，中国南车和中国北车合并为中国中车股份有限公司，而两家巨头下属的南车财务公司和北车财务公司也开始了重组合并。在重组合并工作推进的过程中，一个新的机会摆在了他的面前。2016 年，中车集团决定筹建一家新的非银行金融机构——中车金融租赁公司。筹备组想在两家财务公司中抽调一些精兵强将参与筹备，受到召唤，王胜德毅然加入了筹备组，从而开始了一段全新的工作历程。

学生时代：积淀与尝试

回顾职场之路，王胜德更多地想起了他在军都山下度过的

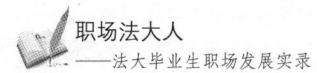
时光。王胜德在是政治与公共管理学院政治学专业的学生，属于"非法专业"，但他并没有将自己拘泥在本专业当中，让专业成为自己的坚实基础而非限制性因素。

王胜德在法大读书时，很早就应聘到学校就业指导中心做学生助理。在就业指导中心工作的经历带给了他很多不一样的收获。王胜德在课余时间去中心值班，协助老师解答同学的疑惑，帮助同学办理就业派遣证、报到证，组织各种层次的招聘活动，管理就业信息网。正是在这些其实已经算是正规职场的助理工作中，他对职业、职场、职人有了更多的认识，也正是这些认识，使他在未来的职场道路中始终目标坚定，不曾迷失。

王胜德读书的年代并不像现在创新创业活动十分盛行，校园里敢于走出象牙塔去实践里获得知识经验的学生还是少数。而王胜德在创新创业方面则做了许多尝试。他虽然是政治学专业的学生，但是对计算机十分感兴趣，围绕着自己的兴趣爱好，他进行了各种各样的尝试。犹记得那时昌平有一所职业学校，王胜德大胆应聘，去做了那所学校的兼职计算机老师。虽然自己不是计算机专业出身，但王胜德有信心将自己的课讲得胜过专业教师。他一方面认真钻研计算机专业知识，保证课堂内容的充实性，同时发挥自己文科背景的优势，在授课时深入浅出，将课堂气氛营造得丰富有趣，从而吸引更多的学生。这一次尝试，让王胜德感受到了兴趣和社会实践的结合，是他终生难忘的经历。

围绕自身兴趣，王胜德的尝试不止于此。2003年，互联网的普及率还远远未到现在的程度，京东、淘宝还是初出茅庐，网购的概念也未完全成熟。这个时候也是司法考试最初诞生的年代，王胜德在法大念书，近水楼台，身边有不少法学的复习资料等资源。而在信息流通不畅的年代，大多数人是难以接触到这样的书籍资料的。王胜德便利用其便利条件，和同学一起开始微创业。他们创办了一个名为"Book of Law"的电子商城，专门经营司考复习书籍和材料。他记得当年还没有专业的快递公司，物流还是靠邮政包裹，支付也没有支付宝，得去银行转账汇款，忙忙碌碌中也小有收获。虽然最终王胜德没有将这个网站坚持下去做成自己的事业，但想起当年的尝试还是觉得充满乐趣。

回忆起这些经历，王胜德也会略感遗憾，这些尝试最终还是无疾而终，如果抓住机会走下去现今或许也是完全不同的光景。然而往者不可谏，过去的尝试在今天沉淀出的果实依旧是珍贵的。如今王胜德已在职场道路上前行了十年，学生时代已经远去。然而回首学生时代依然是珍贵而令人怀念的，今年王胜德也重回了校园，在北京交通大学攻读 MBA，希望能够不断充实自己。

回望职场：感悟与建议

回首十年的职场之路，王胜德在感慨之余也提供了一些自己的建议给师弟师妹们。

首先应当树立正确的求职观。专业应当是求职的坚实基础，而不应是限制固化自身求职的绊脚石。我们法大的学生不应将自己的职业道路仅仅限制在法院、检察院和律师事务所，企业未必不是好选择。同学们尚未走出象牙塔，或许对企业缺乏了解。实际上在企业里，法大的同学依旧是很受欢迎的人才。

其次要做好充分准备。为求职做准备与学校的学习生活并不冲突，求职不会贯穿大学四年，但去充分了解招聘意图进入行业是一个持续的过程。职业对于我们的要求不局限于专业知识和专业能力，多领域的知识储备同样不可或缺。就如我们法

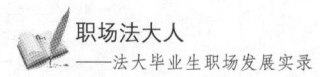
大许多同学选择毕业后进入律所工作，而律所工作也不仅仅是单纯地懂得法律知识就可以完美应对。在非诉业务、金融相关业务等方面，还需要同学们有一定的经济学、管理学方面的知识储备，这离不开平时有意识地学习积累，点滴积累对于成功就业而言至关重要。

最后，掌握求职面试的技巧。王胜德换过三份工作，面对求职时必不可少、又至关重要的面试环节，他也有着自己的方法建议。他印象最深刻的是自己第一次换工作时面试北京地铁的经历：面试共两轮，其中在进行无领导小组讨论这一环节时，他有着自己的细致考虑，自己面试的对象是国企，无领导小组讨论中的表现不宜过于冒进，应当稳重而紧扣方向，争取给领导留下一个良好印象。因而对于不同的面试，应当善于观察，灵活应对。

（文/王颖昕）

我的别样职场路

——访绿城物业服务集团金科丽

【人物简介】金科丽，女，中国政法大学人文学院 2002 级哲学专业本科生，现任绿城服务集团有限公司副总裁。2014 年开始到一线负责业务，三年间所管理的新湖绿城公司规模不断扩大，品质不断务实，KPI 考核提升迅速；2017 年 8 月开始，担任集团副总裁，分管集团人力资源、企业战略和企业文化工作。她是从一线成长起来的管理者，历经多个职能部门和业务部门的锻炼，多次荣获集团优秀管理者称号。

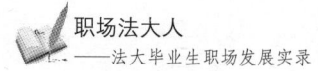
毕业十一年的金科丽至今仍记得自己在法大的学号，因为那是全年级的最后一个序号。作为"非法本"学生的她是法大毕业生中为数不多的"职业样本"，哲学专业本科毕业后便回到家乡，在民营企业绿城服务集团有限公司开启了自己的职业生涯。如今已跻身核心高管层的她回首十余年的职场历程，娓娓分享着一路的经验与感悟。

职业选择：偶然中的必然

最初抱着闯一闯的心态北上的金科丽，在毕业时也面临着诸多选择和机会。作为南方人她不太适应北京干燥的气候，加之浙江省本就是一个经济发达的省份，整体环境比较适宜，在权衡多方面因素后，她最终决定返回家乡。

她坦言，最初的职业选择算是偶然，无意间看到了总部设在杭州的绿城服务集团的招聘信息，便以实习生的身份进入绿城。

彼时的绿城服务集团尚处于上升期。金科丽始终记得使她决定留在绿城的那件"小事"：实习期结束之后，按照学校的规定，要签署一份三方协议。由于她的疏忽，盖章的环节出了错，再联系绿城的人力资源部时被告知他们已经将协议寄出。出乎意料的是，工作人员立即去了邮政公司，在邮件已经装车发出的情况下仍然没有放弃，乘出租车追赶邮政车，最终将邮件收回，并盖好正确的章寄送给她。绿城公司职员的责任心打动了她，通过这一件"小事"她着实感受到了公司独特的精神内核。金科丽解释道，自己尤其看重企业文化，若一个企业对人文文化的渲染是以关爱员工为出发点，那么该企业创造价值的背后也是希望员工共享劳动成果。

她的职业选择，看似偶然，但实则是必然的。

职场眼光：以未来看现在

随着改革开放不断推进，中国民营企业在这十多年来进入了高速发展的阶段。金科丽认为，在这样一个变化的时代，择业过程中需要确保自己进入的是一个高成长型的企业，因为这样的企业才能提供广阔的平台，能够与员工共同成长；反之，如果企业正在走下坡路，即使员工能力再强，发展的潜力也不大。

在职场中有发展的眼光，即要以未来看现在，而不能以现在看未来，这是关键要素之一。

金科丽坦言，若从现在看未来，那么每个行业、每个公司都会有很多的问题，例如：人力资源的问题、战略的问题、组织架构的问题等。相反，若以未来看现在，我们就会去思考行业发展的规律、本质，会构想行业的广阔前景，并且能够思考如何解决行业、公司中存在的问题。

她眼中的"未来"是一个非常宽泛的概念，并以物业行业为例，金科丽进一步解释在界定"未来"时需要保持三个一致：

首先是与国家大的发展战略一致。目前世界正处于工业时代步入数字化时代的进程之中，国家大力发展服务业和第三产业，这是国家发展的大方向。作为服务业的物业行业，符合国家的政策导向。虽然目前与互联网、金融、旅游业这些行业相比，物业服务在服务业当中还不具有很强的竞争力，但有无限的上升和发展空间。

其次是与行业的发展方向保持一致。不像电器、房地产行业等，市场相对集中，物业服务行业目前仍处于一个新兴的发展阶段，没有一种固定的模式。目前的绿城在以符合企业文化内核的"绿城模式"定义着"物业服务"这个概念。

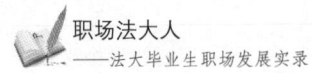
最后是与客户需求保持一致。日后的消费主体是80、90后，行业需要与消费群体主流保持一致，所以若以这样的观点来反思自己的职业选择时，会发现以前被看好的产业或许已经衰退了，原来很多不起眼的产业正在异军突起。很多时候打败你的并不是同类竞争对手，而是更多符合消费者需求的新兴行业，例如打败一家五星级酒店的可能不是旁边的另一家五星级酒店，而是"饿了么"和"美团"等外卖平台。

职业素养：以终为始

作为副总裁的金科丽认为，在企业中最需要的素养和能力就是以终为始，即要以目标为导向。企业是一个以创造价值为目标的组织体，不论是经济价值、社会价值还是文化价值，作为企业细胞的一员，便一定要为企业创造价值，这就是以目标为导向。

金科丽便是一个目标导向的人，既然来了公司，既然做了工作，就一定要做到最好。她对工作和对自我的要求都很高，做事之前经常会反问自己如何能够做到更好，完成之后也总是会反思是否有可以改进的地方，若要改进，按照事件的重要程度和时间的紧张程度来判断哪个维度更重要。

她在面试当中时常会问一个被称为最简单也最"傻"的问题：如果领导让你去订一张高铁票，但是已经售罄了，你会怎么做？大部分的面试者选择的方式是直接询问领导能不能换一种出行方式，但是她认为，作为一个职场人，这并不是一个正确的思路。在询问领导之前，首先应该查询和考虑在相同的时间点内是否有飞机票，相比较高铁，去飞机场的时间是否有预留，换一种出行方式的机会成本是什么，在这一切都准备充足的情况再去与领导商量。职场生活中的一个重要内容是给领导呈现任务的结果，所以首先应该想到问题的最终解决方案，并且充分考虑方案中的保障措施和应急预案，在这一切准备充足之后，结局与预期的落差才会控制到最小。

在金科丽的履历中，从一名基层员工到总监的过程中，基本都是一年升一级；从总监到副总裁，这两个跨度则需要更多的磨炼。在这一过程中，她从业务线调到职能线，从职能线回到业务线，最后又从业务线回到了总部。她认为，这是在培养干部的过程中必然要经历的，只有在业务中历练才知道业务的痛点和难点在哪里，回到职能线来，才能把问题带到决策中，以更开阔的视野来解决问题。

作为一名女性管理者，金科丽坦言，女性的确会比男性承受更多的压力，但是在公司的高管中反而有较多的女性管理者，可能同女性与服务行业匹配度更高有关。她总是会被问及"如何权衡工作与生活"这一问题，她认为若要将"工作"和"生活"作为两件事割裂开来，则没有办法权衡，更多的是应该使二者保持一种动态的平衡。她在工作的时候会处于非常忘我的状态，虽然休息日也会开会、培训等，但是在真正能够休息的时候，便会全身心投入到家庭中去。

聚焦物业行业

物业服务属于社区 O2O 里最后的"一百米"，传统的物业服务是保安、保洁、绿化等，这是最基本的服务范围。和旅游服务业相比，物业服务发展时间更短，作为一个相对分散的行业，正处在快速的兼并整合进程中，加之互联网的冲击，竞争也非常激烈。在激烈的竞争环境下，物业服务已从传统的对物服务项目开始向为人服务项目转变，对人才的专业性和综合度的要求越来越高。

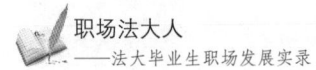
对物业行业而言，最重要的是客户资源，如何去发掘客户的衣食住行需求，如何更好地为客户服务，这是物业行业的挑战，也是蕴含的宝藏。金科丽介绍道，作为物业服务领头羊，绿城目前有针对 3 至 12 周岁少儿的早教课程，并且为客户提供"拎包入住"的服务。"拎包入住"服务即领了房子以后公司为业主提供装修一条龙服务，物业公司利用平台战略，将供方引进，连接供方和业主。对于业主而言，一是有多样化的方案选择，标准更高；二是享受团购价格，更加优惠；并且还有物业公司作为背书，更具有保障。对于供方而言，物业公司可以搭建平台，解决客户引流问题。在这样的平台中，最终承载服务的仍是供方，享受服务的是业主，但物业公司的盈利模式在于它的平台价值。

除此之外，随着科技的不断进步，智能家居也在一步步走入人们的生活，物业行业的门类的内涵和外延正在极大丰富，这也就是行业上升和发展的空间。物业行业目前没有边界，有很广阔的发展前景和充分的机会。

金科丽坦言，物业服务行业仍有很多需要改进的地方，首先就是行业内部的问题，因为物业行业发展迅速，人力资源紧缺，大量业务拓展需要新鲜血液来跟进；其次就是组织问题，选择矩阵式、科层式还是混合式来管理公司，这一点对于业务效能的产生至关重要；第三是服务标准问题，与连锁店类似，如何使企业文化在不同的地方得到贯通，服务标准能否有效得到复制以确保总部的服务水平与其他地区的服务水平一致，这是一个很大的问题；第四就是客户思维的问题，物业管理这一消费理念在南方发达地区基本普及，但是在一些三四线城市和北方城市相对偏弱，如何更好地进行市场培育也是物业行业发展的问题之一。

每个行业或公司都可能存在这些情况与问题，金科丽认为，整个行业的发展态势车轮仍然滚滚向前，一个有责任有追求的公司，可以也必须在发展中改进与完善，实现企业内部的自我治愈，从而持续推动自身与行业的发展大势。

学生时代：习得独立思维

良好的职业素质需要在大学中逐渐培养和形成，金科丽也为在校的师弟师妹们提出了一些宝贵的建议。

远离家乡来到大学校园就如同是一个脱离母体的过程，而在大学也是处于社会关系之中，比如说班级、社团等，良好的人际关系是未来职场中的一笔宝贵的财富。

在大学中应把格局放大，个人的能动性创造性是无限的，不要被专业所限制，打破就业的边界。在广泛地学习更多的知识的同时，尽可能参加社团，去外校参加沙龙活动开阔视野。除此之外，要更多地关注整个社会的发展，关注社会、行业的发展，要尽量多去思考，保持独立的思想和眼光，这一点对任何行业都至关重要。

诚然，这样的思维习惯并不是一朝一夕之间能够习得的，需要不断刻意去锻炼。金科丽解释道，她在工作中是一个读者型的人，而在生活中是一个听者型的人，在不同的情景中能够自由转换的原因在于不断地刻意训练，学而知之。所以作为大学生，要保持学习和创新的能力，培养一种习得性思维以更好地适应职场。

而对于想要更好地了解物业行业的师弟师妹而言，直接去相关的公司实习是最有效的方式，在实践中熟悉行业、发现问题，为未来的职业之路打下坚实的基础。

（文/汪毓雯）

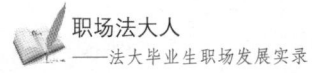
我的奋斗之路
——访联想集团韦贵

【人物简介】韦贵，男，2010年毕业于中国政法大学商学院。毕业后就职于联想集团北京总部，后因工作原因调任上海，现任联想集团上海大区中小企业业务总监，管理调研部团队，具有丰富的销售管理经验，是法大毕业生中商业界的杰出代表。

我的法大生活

韦贵是江苏人，2006 年在江苏省"3＋2"的高考模式下，他以总成绩 620 分考入中国政法大学商学院。作为土生土长的南方人，韦贵的父母原本希望他就近选择位于南方的浙江大学或是上海交通大学，但他选择了远离家乡北上求学。在被问及原因时，韦贵坦言："主要是为了离家远点，我不想待在父母身边，离开了父母的保护，可以挑战自己。"

提起在法大求学的经历，韦贵说："我是理科生出身的，但是咱们法大是培养法律人才的著名学府，是一所以文科为主的大学，本想凭借自己在高中积累下的学习方法，应该可以很快适应在法大的学习生活，没想到残酷的现实总是与美好的想法背道而驰，刚进入大一各种困难便接踵而至，好不容易完成了从理科生到文科生的转变，对未来人生规划的迷茫又困扰着我。"

为此，韦贵在大一的时候用了半年的时间，通过各种途径认识了许多师兄、朋友以及老师，并与他们进行了充分的交流，从而逐步确立起毕业之后从事商业方面工作的规划。为了更好地锻炼自己从事商业活动的能力，韦贵在大学毕业之后放弃了考研及出国的机会，直接迈入职场。

来自各方的挑战

初入职场，各种挑战如期而至。通过社会面试直接进入联想集团北京总部的韦贵，在 2012 年被公司派到了浙江杭州工作，当时杭州的业务量在全国的排名中属于倒数。韦贵只身一人，提着一箱行李踏上了从北京开往杭州的火车。韦贵坦言，这是他在联想集团工作期间最消沉的一段时间，一是因为从北

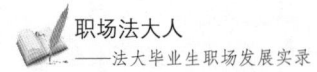

京总部调到了一个业务量和工作环境全国倒数的地方，心里非常的不平衡；二是由于工作环境较差，身边跳槽的同事特别多，业务不好开展；三是由于自己是从北京总部下派的员工，客观原因导致的工作情况并未达到上司的期许，再加上来自家庭、经济状况等方面的压力，种种困难沉甸甸地压在了这个刚踏入社会的年轻人身上。

经过一段难熬的日子，在逆境之中韦贵开始调整自己的心态，首先安慰自己人生奋斗的路上是不可能一帆风顺的，肯定会遇到瓶颈，在困难来临之时要冷静地面对，积极寻找解决方法是最有效的途径，能解决就尽量解决，实在解决不了就跟领导承认以自己现在的实力确实是无法解决。当一个人敢于直面自己的不足，承认自己的短处，就算是一时之间得不到上级领导的认可，但是至少说明他是有勇气的，这也是刚刚踏入社会的年轻人必须要具备的积极心态。同时充满挑战的环境对于有抱负的年轻人来说是有利的，"不经历风雨怎么见彩虹，没有人可以随随便便成功"。逆境，对有抱负的年轻人来说是一支催化剂，正是在逆境之中的历练，帮助韦贵加快了成熟的步伐，在后来的工作中遇到类似的困难时，也就可以处之泰然了。

我的职场生活

联想集团的总监普遍都是四十出头的年纪，只有韦贵一位年仅三十岁的业务总监，可以说韦贵的职业发展速度是非常快的。但是随着职位的晋升，所要承担的责任也在增大，作为一名最普通的职员，工作中大部分时间只要选择服从上司的安排就好，但是作为业务总监，不仅要对上司负责，还要对下属负责，这种心态上的转变也是不容忽视的。

作为主管销售的业务总监，在工作中萌生出某些创新想法后，如何去具体实践也是非常关键的事。当面临两难的抉择时，韦贵认为，一定要"勇于尝试"，商场如战场，战局每天都在发生着变化，机会有可能稍纵即逝，作为一个团队的核心领导者，必须要敢于尝试、无畏失败并且勇于担当责任，否则注定会被市场所淘汰。

作为业务总监的韦贵，在对下属的管理方面也有自己的一套独到见解，在用人方面，最看重的就是人的品质，为人最重要的就是"正直、守信、有底线"。在当今的利益社会之中，充满着各种各样的诱惑，如果做人没有底线就会容易迷失自我，再来就是要为人正直，一个高尚的人格，胜似万两黄金。

作为集团领导团队中的一员，被问及在应届毕业生招聘方面的问题时，韦贵说："除了看重人品和学习成绩之外，还有两大能力是很重要的。"一是与人沟通的能力，因为作为销售人员，与客户打交道是必不可少的，语言是最有力的武器；二是学习能力，要"活到老，学到老"，尤其是对于刚走出校门的学生，毫无社会经验，步入社会之后一切都要从头学起。如今，全国各行各业都流行一个词叫"提速"，业务上所需要的知识，可能每三个月就要更新换代一次，所以时刻要保持危机意识，如果自我满足，那必将会被社会所淘汰。有付出就会有回报，在认认真真做人、踏踏实实做事的前提下，公司也会给予你相应的报酬。

未来的挑战

在被问及未来将要面临的困难主要是什么时，韦贵说："随着时代的发展、社会的变迁，尤其是国内小米、华为等新型互联网公司越来越受大众欢迎，新思想、新经济、新零售等新型运营模式不断出现，这对中科院旗下国企背景并且正在转型的

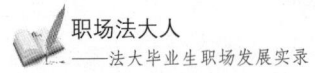
联想集团的冲击是巨大的，对于韦贵个人来说，三十岁，年富力强，正处于事业上升的黄金时期，到底是选择留在公司，按部就班地获得晋升，还是跟随着时代的步伐不断尝试、进行创业，这也是他一直在思考的问题。"

四年四度军都春，一生一世法大人。在法大求学的四年时间是韦贵最难以忘怀的记忆，作为"联想法大人"的杰出代表，在被问及法大学子在职场中给人的印象时，韦贵直言，在"厚德、明法、格物、致公"校训下培养出来的法大学子有一份正直善良的品质，即使是在艰苦的岗位上，也不会有很多的怨言，所以法大学子在职场之中是普遍受到领导和同事认可的。今生作为法大人，韦贵也感到由衷的骄傲。

在采访的最后，韦贵送给正在学校学习的师弟师妹们八个字的忠告：脚踏实地，仰望星空。"脚踏实地"是指大学是人生的转折点，是人生最重要的求学阶段，在这个阶段不要想着投机取巧，而是要一步一个脚印地、认认真真地走好求学之路。"仰望星空"是指在工作之中，不要被现有的条条框框所束缚，年轻的时候就是要敢于打破常规，敢于尝试，敢于发掘，尝试"天马行空"的思考，尝试着去进行创业，这种创业并不一定要局限于商业，也可以是学术上的。总之年轻就是要敢于挑战，不要害怕失败，一切都可以从头再来。

（文/肖禹榛）

顺理成章的就业选择

——访中国移动通信集团吉林有限公司赵倩

【人物简介】赵倩，女，中国政法大学商学院 2003 年工商管理专业本科生，2007 年市场营销方向研究生，目前就职于中国移动通信集团吉林有限公司市场营销部。

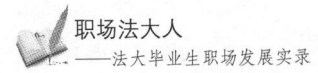
2010 年，研究生毕业的赵倩通过校园招聘进入移动公司，正式进入职场，一待就是七年。这份工作于她而言，是既稳定又专业对口的工作。经过几年的历练，她对业务更加熟悉，为人也更加成熟从容。她坦言在这个岗位上积累了经验，锻炼了能力，同时也越来越离不开这份事业。从一份事业中施展才华，挖掘潜力，实现价值，赵倩说："最重要的是要清楚自己究竟想做什么。"

大数据办公室的日常

赵倩所在的是移动市场营销部的大数据办公室，作为一个职能部门，这里的工作内容可分为手机上网业务和新业务两大方面，而赵倩主要负责手机上网业务。在即时聊天工具几乎全面取代电话、短信的今天，通信公司的收益主要来自于为用户提供手机上网服务。赵倩的日常工作包括参与一些全省性的营销活动方案的制定或执行，具体来说有进行促销、吸引用户办理流量套餐，等等。

通常全省性的方案是领导根据总部的战略方案制定的，赵倩和同事们只是起辅助作用。方案制定出来以后，要具体落实往往要花费很大一番功夫，细致的市场调研必不可少。举个最简单的例子，吉林省 9 个地市的发展状况不尽相同，所以要使用不同的优惠策略。放眼全国也是这样，北京、广东这样经济发达的地区，30 元 500M 流量的套餐更容易被广大用户接受，而一些偏远地区，用户可能会倾向于抑制自己的需求，这时候就需要调整优惠方案，比如在此基础上给予折扣，或者赠送话费等。

赵倩说，在对产品进行市场营销时，宣传方面遇到的挑战也会很多。比如，要推动"增加收入"这个目标的实现，首先要让用户知道你们在做什么，你们能提供什么。若采用发送短信的方式进行宣传，需要注意：一是发送的地域要有针对性，不能全国都发，要使得接收短信的人群中最终办理这项业务的用户比例尽可能地大；二是发送的时间要适宜，不能对用户造成骚扰，要符合国家相关的政策和法律法规。

赵倩坦言这份工作面临着相当多的挑战，其中最重要的是留住客户的问题。通讯行业竞争日益激烈，大市场同质化的背景下，谁提供的资费更优惠，谁就能获得更多的市场支持。与中国电信、中国联通相比，中国移动提供的资费并不算优惠，但因为其有大量的客户资源，轻易变动会使企业承担较大风险，所以不能灵活地对资费进行变动。因此，中国移动当前面临的最主要挑战便是留住用户，并在此基础上增加新用户。这就需要员工不断发现并满足用户的需求，具备较强的灵活变通能力和综合分析能力。

从象牙塔到职场

赵倩在进入现在的单位之前，曾参加过联想的招聘，但由于当时刚刚毕业，对未来的职业和定位并没有清晰的规划，且缺乏面试经验和对面试职位的深入了解，所以未能如愿就职。

对此赵倩认为，有一个清晰明确的职业规划非常重要。根据规划有目的地去搜集信息，加深对行业的理解，才能在求职时游刃有余。在面试之前做好充足的准备工作，了解应聘职位的工作内容职责和所需知识技能，从而增加竞争实力。

对于自己的职业选择，赵倩表示这也是经过了深思熟虑的结果。作为地道的吉林四平人，她对于家乡很有情怀，且相对于北京、上海这样的一线城市，老家的竞争压力要小很多，再加上法大的求学经历使她在竞争者当中颇具优势，所以最终选

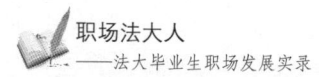
择回到长春就业。"城市的选择是一个需要慎重考虑的问题，选择留在大城市意味着会有更广阔的发展前景，但同时也要做好付出更多的准备；回家乡工作会更稳定轻松一些，但同时也会面临一些弊端。这需要每个同学根据实际情况做出决定。"

另外，她提到了一些面试的小技巧：首先，要克服恐惧，好多刚毕业的学生对社会上具体职业并不了解，即使之前做过充分的信息搜集，但"纸上得来终觉浅"，难免心里会发慌，害怕面试官一眼"就把自己看穿"。其实大可不必为此感到焦虑，因为对于未入职的毕业生来讲，起点都是一样的。要先从心理上把自己当成公司的一员，为它的发展去着想，把面试官当作自己的领导或者工作伙伴，这样就会从容自信很多。其次，要多加强练习，将自己与面试官的对话流程在脑海里一遍遍排练，也可以通过录音，请别人帮忙来发现问题，一点一点改正，最后达到足够圆熟的效果。

提到这么多年一直待在现有的工作岗位上，没有尝试过其他的工作，赵倩认为，一方面，中国移动在长春是很好的单位，自己很满意现在的生活；另一方面，多年的历练把自己塑造成了能做好这件事的人，自己越来越适合这个职业。一份职业贯穿始终，赵倩的生活是这样美好而又顺理成章的。

就业和生活经验之谈

谈到对于师弟师妹未来就业的建议，赵倩很谦虚地说："我只是做着与自己专业相关的工作，也没有特别高的成就。如果说建议，那就是提高自己与人融洽相处的能力。"关于融洽人际关系的维持，赵倩认为有几点是最基本的：第一是要真诚，在尊重和礼貌的基础上，坦诚地说出自己的意见，这样才能提高工作效率，也能获得别人的信任。第二是要谦逊，除了向老同事学习，还要向同龄人和更年轻的人学习。因为整个公司的发展是不同部门的同事合作的结果，一个有机运行的整体离不开每一个零件。而工作不同职能不同的人拥有不同的专业知识，不能只看到自己做的那个"点"或者本部门负责的"面"，而是要关注运行的企业"总体"，这样才能明确自己的工作是要完成什么目标、出于什么样的位置，才更有动力和责任感去提高效率、完善业绩，在合作中自然而然地融入这个集体中。

另外，很多毕业生初次入职后会发现，书本里的理论知识给我们指引的解决问题的方向有时候是和公司领导要求的方向相悖的。这个时候就要考虑实际，学会换位思考，灵活地处理问题。跳脱主观真的很重要，尽可能地考虑到领导和同事的想法，综合分析得出最贴合实际的方案。在大学期间学习的理论知识虽然未必能够在职场生活中全部用得上，但是仍然要尽可能多地涉猎各个领域的理论知识，因为知识会改变一个人的思维方式，"凡有所学，皆成性格"。

在本科阶段，可能有很大一部分同学习惯期末"临时抱佛脚"，长此以往，可能提高了应试技巧，知道如何在大大小小的考试中拿到高分，但是却没有学习到真正的理论知识。之前谈到过自己顺利地拥有现在的职业是得益于较高的学历，赵倩建议本科的师弟师妹有机会的话要继续深造。一方面，较高的学历在就业时会更有竞争力；另一方面，硕士阶段可以提供一个不同于本科阶段的安静的学术环境，有更多独处的时间用来读书、做自己想做的事情。大学几年总是要沉下心来去读一些学术著作，领悟理论背后的东西。这与今后从事学术研究还是社会工作无关，而更多的是对个人思维能力和综合能力的提升。

另外，随着社会的发展，部分行业的主要业务领域也在发生着变化，比如就中国移动而言，以前是以短信和通话为主，

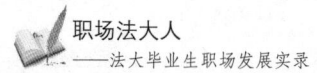

现在则逐渐转向手机上网业务，这便对各个部门人员的专业水平提出了新的要求。社会发展趋势是难以预测的，在对变化保持敏锐性的同时也要尽可能学习更多领域的知识，养成随时给自己充电的习惯。"活到老，学到老"，不仅要在大学校园里学习知识，还要在社会中学习，向他人、向时代学习。一份稳定、理想的工作，看似"不变"，其背后却是从业者扩充知识、更新思维的"一直在变"。

在工作之余，赵倩喜欢烹饪，学习制作各种精致的甜点，有的时候一个作品就可以把一整天的心情点亮；喜欢旅行，与家人看看祖国的大好河山，给地图上的一个又一个远方画上记号。如果说生活中的赵倩与工作中的她有什么共同点，那就是踏实和务实，并且始终心怀感恩，对生活充满热情。

（文/田书伦）

非典型就业的职场人士

——访万家基金叶勇

【人物简介】叶勇，男，中国政法大学民商经济法学院 2003 级本科。2007 年至 2010 年，任职新华社上海证券报记者。2011 年至 2012 年，任职华泰联合证券、华泰证券研究所行业研究员。2013 年至 2014 年，任职上海市北高新集团投资管理部总监助理。2015 年至 2016 年，任职万家基金股权投资部副总监。2017 年至今，任职万家基金权益投资二部总监。任职万家基金以来，累计管理权益类基金产品 20 亿元以上。

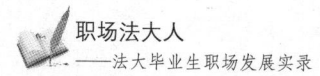

中国政法大学民商经济法学院出身的学生，毕业后却先后从事记者、行业研究员、基金经理等职业，这在很多人看来并不是一个法学生的寻常就业路径。而校友叶勇，则在一个个"非典型职业"中成长，以极快的速度熟悉行业规则，并受到业内认可，稳稳当当地走在自己的"非典型就业之路"上。

从法学生到新人记者

高中时代就是校学生会主席的叶勇，进入大学后依然发挥着他在团队管理上的才华。他曾担任法大农村与法治研究会会长和民商院长跑队队长，在社团管理上付出了大量的时间和精力，也在两个职位上都取得了不俗的成绩。叶勇曾遗憾大学四年没有留出更多时间博览群书，但回顾下来，他认为社团活动经验养成的沟通协调能力、组织能力对于毕业后迅速适应工作环境很有帮助，自己也因为大学期间培养出的良好身体素质而受益终生。

从大三下学期开始，叶勇开启了两手准备的模式。一方面积极备考研究生，一方面争取工作的机会，也拿到了北京市公务员和中建三局法务等理想的工作机会。奇妙的是，走到人生十字路口的时候，人们会碰到各种曾经没有预料到的际遇，而抓住其一偶然的机会，带来的也许就是一生的改变。叶勇就是因为学院老师的一句提醒，最终踏上了一条与法学并不相关的就业之路。

大四下学期的一天上午，叶勇偶然听孟广慧老师提及下午上海证券报会在法大举行面试。他马上意识到这可能是个不错的机会，迅速利用中午时间手写自荐信，并成功在当天的上百号人中脱颖而出，成为八名实习生之一。经过一周紧张而充实的实习考核，叶勇成功被录取，入职上海证券报北京新闻中心，从事产业经济新闻报道。

从非科班出身到四年中斩获诸多荣誉和肯定，叶勇在做财经记者的道路上不可谓不辛苦。入职初期，他白天工作，晚上翻阅上证报的每期报道，揣摩每一类稿件的写作方法，每天都直到晚上十二点才休息。如是坚持三个月后，他终于弥补了专业上的短板，找到了作为财经记者的感觉。

叶勇将四年财经记者的职业生涯总结为三个能力和五个精神素质，希望可以对有志于从事该行业的师弟师妹提供一些启发。三个能力，即扎实的文字功底、广博的财经专业知识功底和较强的逻辑思维能力，文字功底是基础，要能用最精炼准确的语言完整地表达事实。财经知识可以通过坚持阅读《财经》杂志和《经济观察报》等进行积累，而逻辑思维能力则可以通过法大四年的时间来锻炼。五个精神素质，即要有理想、吃苦耐劳的精神、胆大、心细和放得开（脸皮厚）。

纵使后来离开记者行业，叶勇依然非常感激这段经历，记者的工作为他构建了一整套分析财经问题的逻辑思维框架，为他后来的职场人生积累了宝贵的财富。

从记者到行业研究员

预见到上升空间有限，从事记者工作第二年开始，叶勇开始考虑转型的问题。在单位相对边缘的位置，使他慢慢把注意力投向行业研究员。在与不少能源行业研究员交往并大量研读他们的报告后，叶勇发现大家对于行业的分析思路是共通的。他开始把行业研究的思路引入记者工作，一方面充实了自己的稿件，另一方面对电力行业、煤炭行业有了更深的研究。在撰写的稿件受到了越来越多好评的同时，叶勇也获得了行业人士的青睐，并得到引荐的机会。

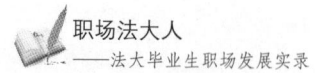
有伯乐欣赏千里马固然是好，遗憾的是 2010 年时，叶勇曾因为学历为本科而失去了一次进入券商研究王牌——中信证券研究部从事电力行业研究的机会。但对于争强好胜的叶勇来说，这次挫折反而激发了他的斗志。同年 9 月，他请假筹备司法考试，心无旁骛专心致志，在三年不曾碰过专业书籍的情况下用半个月时间通过了司考。事实上叶勇自己也承认，通过司考对他的职业发展并无直接帮助，但这段经历却教会他，要达成目标，往往需要一往无前的斗志。

沉潜之后的叶勇，受到了更多行业大牛的关注和邀约。2011 年，他从收到的多家证券公司研究所邀请中，选择华泰联合证券研究所从事煤炭行业分析师一职，也因此挥别北京、定居上海。可惜的是，从事煤炭分析师的两年，叶勇的运气并不太好。当时的煤炭行业并不景气，加之对卖方分析师价值创造的困惑，他在进行了一段时间的心理挣扎后还是选择了离开。

从证券研究到股权研究

2013 年，叶勇入职上海市北高新集团投资管理部，从事股权投资。两年里，他系统地掌握了股权投资的方法论、行业基本面研究、公司法律尽职调查和公司财务尽职调查等内容，调研数百家未上市企业，对 TMT、先进制造等多个领域有深度的研究。与卖方分析师不同，做股权投资和风险投资需要扎根于中小企业中间，深入了解企业的团队、技术、产品、服务、发展战略等各个方面，深入了解采购、生产、销售各个环节，深度介入企业治理、内控管理、资本运作多个层面，不但要投钱，还要提供增值服务，陪伴企业家共同成长，助力企业不断发展壮大，最终实现资本市场退出，分享增长收益的目标。

叶勇通过扎根股权投资，从一件件基础工作做起：企业调研、尽职调查、价格谈判、合同签署、投资打款、投后管理等，打牢了投资的基本功，为他今后从事投资的职业生涯打下了坚实的专业基础。叶勇坦言，相比起前面的职业，做股权投资的两年是一个低调和内敛的阶段，但他从中感受到了用自己职业创造社会价值的满足感，因而找到了自己的社会存在感和人生意义，非常充实。

平台转移——在公募基金的三年

在经历了职业生涯早期的颠沛流离后，叶勇找到了能够实现职业价值感的工作，并深感庆幸。2015年，叶勇跳槽到市场化的主流投资平台——公募基金，从事投资管理工作，开始了新的征程。当时借着新三板兴起的东风，叶勇所在的团队募集了较大规模的股权投资基金，投资了大量股权项目，其中不乏一些知名项目，比如著名的新能源汽车公司珠海银隆新能源等。除了投资管理外，他还在广泛接触和打通募资渠道，负责更加全面的工作。2016年9月，他便组建起自己的部门和团队，全面负责公司权益投资的部分领域。

作为部门负责人，叶勇面临着更大的压力和前所未有的人生挑战：既要做好投资管理工作，又要努力拓展基金募集渠道、扩大产品规模，还要招募、培养和管理好团队。自己还要在这场挑战中继续战斗，叶勇表示，自己热爱这份工作，只要有可能，他会以之作为奋斗终身的事业。

回顾毕业这些年来数次跳槽、多次转型的经历，叶勇不禁发出感慨：人生就是这样，理想的道路没有终点，事业的道路也一样，到达了一个地方，前面还会有更美好的风景在等着你。生命不息，奋斗不止，永远都在进行中。他自我勉励，也作为给在校师弟师妹们的寄语：人生起起伏伏，时常面临挫折和困

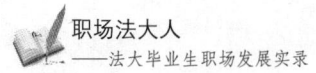

局很正常，低潮时要善于积蓄力量，高潮时要不忘警惕风险，谋事在人成事在天，也许再怎么努力，我们也无法成就伟大的事业，但是要永葆昂扬的斗志。"梦想还是要有的，万一实现了呢？"

（文/刘婧星）

法务之路漫漫

——访京东集团何欣

【人物简介】何欣，男，陕西人，2008年毕业于中南大学外国语学院英语专业，同年进入中国政法大学，为中欧法学院首批学生。毕业后加入百宸律师事务所成为执业律师并升至合伙人律师，2018年加入京东集团任投资并购法务总监一职。

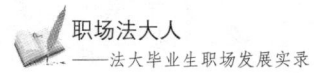
求学求职

本科于中南大学修读英语专业的何欣，2008 年通过考研进入中国政法大学的法律硕士学院。"我 2008 年考研报考的是法律硕士学院，同年学校恰好成立了中欧法学院。中欧法学院的第一届学生都是从在校生里面选拔的，我当时参加了相关考试，就有幸进入了中欧法学院。其实这也相当于是转院，从法硕转向了中欧法学院的双硕士。"何欣分享了法大中欧法学院成立初期的教学情况，"进入中欧法学院的我修读两个学位，一个是法律硕士，一个是德国的 LLM。就基本的研究方向而言，我主要修读的是两个方向：一个是公司法以及商事法；另一个是知识产权法。因为我本科是学英语的，对 WTO 很感兴趣，所以那时我就研究了很多有关世界贸易的知识产权事务。因为中欧法学院是邀请欧洲的老师飞来北京授课，所以我大部分的课程都是在北京完成的，只是最后毕业前跟着一个暑期班去了一趟德国与比利时，熟悉了一下欧盟法实操的主要流程。我们当时的 LLM 学位其实就是关于欧盟法，所以后来在德国与比利时的暑期班的主要目的就是去体验一下欧盟的每个机构是如何运作的，而不是所谓去正式上课。"何欣说，中欧法学院的课务繁重，因此他并没有什么实习经历。毕业时，自己对未来规划并不特别清晰。"我找到第一份工作更像是机缘巧合吧。我一开始可能并没有一个特别好的规划，但个人倾向于不去公检法，因为我是学英语的，而公检法系统内能用到英语的机会并不多，所以我初步的想法就是去做一个涉外的律师。找到百宸律所其实很巧合，一开始律所在法大发过招聘贴，但因为不熟悉这家律所的情况我并没有投递简历。后来有个好朋友去面试，觉得老板人不错，于是我就去面试了。找工作时两个要点，一个是平台，一个是跟对人——尤其是法律行业里面师傅很重要。当然律所也很重视我，当天就将我录取了。进入之后，一方面因为老板的重视，一方面因为工作比较顺利，我就一直没有换过工作。现在看来，这个职业方向是挺好的，因为我算是赶上了中国这个领域前十年的发展浪潮。以前是 IPO 比较火，后来就是私募，我正好是在私募比较火的时候去做了这个业务。目前从一个专业律师的角度来看，这个领域还是十分具有前景的。"在百宸时，何欣就负责了许多与京东合作的项目。2018 年京东业务扩张，需要一个职务较高的律师进行业务管理。考虑到前几年的合作，京东法务部投资并购组合作过的同事觉得何欣比较适合这个工作。"因为他们觉得原来由我负责的工作完成的质量很不错，所以对我比较放心，希望我能加入。我基于多方面的考虑，也就选择了这份工作。"何欣讲道。

工作一窥

何欣毕业的前七年都在做律师，离开律所时已经成为律所的合伙人。"我在百宸的主要方向就是投资和基金。"何欣介绍了投资方面的业务情况，投资包括许多种类，早些时候是境外融资，VIE 架构等业务较多。后来人民币基金变向来袭，若无外商限制，许多公司都开始于中国国内融资，人民币基金就比较受欢迎。2014 年之后，因为人民币基金十分受捧，何欣的另外一片非常重要的业务便是基金的募资与设立。如协会间的监管、管理人的登记、成立有限合伙企业替客户谈条款等工作，都是何欣非常重要的业务。"这些工作本身也十分有难度：你投资时是一个投资人的角色，所以你可以十分强势；但当你募资时你是一个募资方，那么别人就十分强势。"何欣如是说道。2018 年初何欣换到了京东工作。"从一个法律人的角度来讲，毕业之后

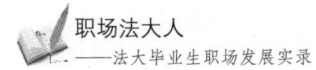

如果选择了律师这条路，都会有一个梦想就是成为合伙人，而我后来也成了合伙人，"何欣说，"但我跳槽也和平台有关系。虽然我们律所的专业程度非常好，但我在待了七八年之后还是想换一个对于未来发展更有利的平台。正好京东也有这么一个机会，我去了之后的职务就是法务总监，我在京东所做的工作其实和原来在律所也差不多，主要管理一些京东集团的投资业务。工作内容包括集团的对外投资、集团设立基金、集团收购项目，等等。不管是之前在律所，还是现在，我的工作基本上都是和资本市场投资相关的。"

挑战压力

何欣讲到在律所时最让他满意的其实是律所自由的氛围。虽然说做律师其实是要二十四小时待命的，但是可以灵活安排自己的工作。"比方说像要是家人生病什么的，可以自己安排一下时间来照顾家人，"何欣说，"至于京东，虽然是一个很大的集团，法务部也有 90 多个人，但是氛围很好，每个人有足够施展的空间。我现在的投资并购组有 7 个人，小组的负责人会根据每个人的能力将相对应的事务分发下去，确保每个人的工作经验和工作能力是能够胜任的，这样每个人都可以凭借自己的专业能力大胆地去判断和完成许多事情，每个人的能力也会进一步提升，这也是我在京东比较满意的地方。"何欣坦言，在京东较有挑战的事情是需要处理的关系更为复杂。在这样一个庞大的集团里，他需要在投资项目时与其他公司沟通谈判，在公司内部也需要与投资部、国际部、企业发展部等各种部门的同事进行多次沟通。他认为这也是他在未来需要去发展的地方，毕竟只有和大家的关系处得很好，自己工作上才会更加顺畅。另外一个比较有挑战性的事情是组建自己的工作小组。原来何欣在律所就有自己的小团队，他会培养后辈，同时后辈也会不断发展并帮助他减轻工作压力，这样一来大家的工作效率都会比较高。"虽然我刚来到京东，还没有组建起这样一个工作小组，但这也是我正致力于做的事情，我会借助京东的'管培生计划'及'JD Star'等项目为投资并购组招聘一些新成员，希望不久的将来能训练为中坚力量。"何欣还分享了自己刚做律师时"高压生活"的感受。"律师行业可能都差不多，像我这种非诉讼律师的工作节奏都是非常快的。我刚刚毕业一年半的时候，由于带我的师父休产假，一下子她先前负责的很多项目都移交给了我。我真的曾经流过泪，毕竟每天要工作到凌晨两点，第二天早上还要起来开会。所以说，困难就在于怎样去平衡自己的生活、身体和工作之间的关系。我工作一年多的时候脊椎出现过严重的问题，有一段时间头都动不了。但在这种情况下我依然需要工作，毕竟客户还在等着。在这个过程中只有带病或者顶着极大的思想压力去工作，中途自己也有想过放弃，比方说找个轻松点的工作，或者回省会城市老家去，这样工作压力与生活压力都没有那么大。但其实咬咬牙坚持过去也就好了。对于律师来讲，如果自己是名气不错的法学院毕业，各方面资历都还不错，那么做好一个非诉讼律师并没有那么难。关键在于要下得了决心吃苦，要能坐得住。别人每天六点钟下班时，你在加班；别人在过周末时，你可能还在加班。但是只要把这个阶段熬过去了就好了。一般来讲，做律师第一、二年很难做，因为什么都不懂，还有很大压力；第四、五年也很难做，因为你什么都懂，活儿很多；但过了这个阶段之后，你就在这个行业里面很专业了，不管是什么项目到了你手里，分解一下就都不是什么难事。当你做到合伙人这样高的职位之后，可能需要掌握的就是协调同事们去分解工作的技能，做得更多是一些统

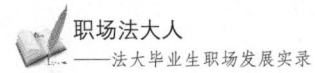
筹与协调。所以做律师主要就是要能够吃苦耐劳，能做到这一点那么做好一个律师就不是什么难事。"有些时候募资时投资人会有各种各样的要求，而这些要求可能是合理的也可能是不合理的，而投资人方面的法务人员可能对该方面又不是特别熟悉，所以就有可能提出一些不大合理的要求。但为了吸引投资人，律师就不得不平衡一下条款的取舍，然后再与对方沟通，以求促成交易。交易成功其实都是律师们权衡再三后做出的利益取舍的结果。

展望前景

虽然电商产业变化莫测，但何欣所做的领域始终是与投资相关的领域。"在中国未来十年到二十年里，这个行业都会是一个向上的发展趋势。早些年大家都不懂，投资的时候就挺随便的。而现在大家做投资就要靠许多私募投资机构，这当中每一笔交易都需要律师参与。可以说未来这个领域对于律师及法务的需求是越来越大的。"他说道。对于有志在该领域工作的法大同学，他提出了自己的一些建议。"我原来在律所的时候就负责招聘了非常多的人。其实我在招人时太不会看求职者的学校背景，而是比较注重求职者的成绩。一个学生成绩好，至少可以说明他可以吃苦并且懂得如何去学习，这放在工作中也是同样的道理。当然这也不是绝对的，有的人可能成绩不大好，但是在工作中反而很厉害。做律师其实就是技术活，而这个技术活并不是多么高难度或者说是需要很多情商智商来做的。你需要的是去一点一点地啃这个骨头，刚开始自己什么都不懂时应该明白如何向高阶级的律师或同事学习。法大的同学们应当有充足的自信，在法大良好环境的熏陶之下，在法学功底和修养上会有更多的信心跟更高的要求。学校资源紧张，平时大家为了资源能够不惜代价挤破了头，这就说明政法的同学是能吃苦的，这也是我们最好的一个品性。正如我之前所讲的，做律师并没有多难，靠的就是自己的坚持，靠的就是吃苦。要有信心，政法的同学是没有问题的。"

（文/陈睿哲）

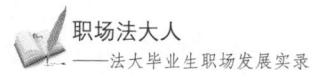
直面挑战　享受精彩人生

——访宇信集团张新

【人物简介】张新，男，中国政法大学法学院 2011 届毕业生，长期从事企业培训管理工作。2011 年至 2014 年于某市场营销方案公司任人力资源部经理一职；2015 年至 2016 年于某机械制造公司任培训主管；2016 年至 2017 年在某金融集团公司任培训主管；2017 年至今于某金融 IT 公司任培训主管，具有丰富的企业培训管理经验。

缘聚缘散

张新于 2011 年毕业于中国政法大学法学院。像法大的每位学子一样，大学期间的张新心中怀揣着崇高的法学理想，努力学习，希望为我国的法治建设作出一番贡献。然而让旁人感到惊讶的是，这样一个法学毕业生却从事了与法律专业毫不相干的职业——企业培训管理工作。"我可能代表着法大的一小部分人，从某种角度来说是一个完美的理想主义者。随着在法大学习的越深入，越发现中国当下的法治环境并不是那么完美，仅从微观层面来看，法律和法律的方式往往解决不了企业发展过程中的诸多问题。尤其是在中小型公司，法律几至毫无用武之地，更何况以理论基础为主的法学知识了。所以，当我即将步入社会，面临职业选择时，也经历了一段时间的迷茫。最后，决定先进入职场，靠自己的所知所能更加实际地去解决现实问题。"张新如是说。

进入企业后，如何贡献自己的能量，证明自己的价值，用自己的力量解决企业问题，那时的张新也曾陷入迷茫。如果说脱离法律行业是一种必然，那么进入培训行业可以说是一种偶然。

七年培训路

在法大毕业后，张新最初进入了一家创业公司做市场推广工作。这是一家小公司，起步比较慢，当时全公司也只有十来个人，而在随后几年里迅速地发展起来，业务快速扩张，迫切需要更多的人才以满足公司的需求。于是公司开始大力招聘，张新离开公司时，已经达到 100 多人的规模。新人大量进入公司，就会出问题，很多"小白"和"菜鸟"刚来公司，对业务

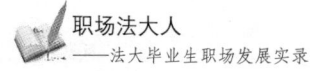
常识、公司情况和岗位流程与技能一窍不通，进入岗位后，经常会有失误、会出问题，直接或间接地造成不少经济损失。

老板和管理层慢慢意识到，需要有人专门负责员工招聘、培训和绩效管理等工作，开会时老板抛出一个话题：谁来负责这方面的事情？

此前，张新只是一个兢兢业业的、默默做好自己工作的普通员工。这一刻，他觉得这或许是一个机会，当然也会是一个挑战。所以，他自告奋勇地进入了人力资源管理的领域，慢慢地成为人力资源部的负责人。

事后回忆起来，张新仍然觉得当时做了一个无比正确的决定。"对于很多人来说，进入职场的第三个年头会是一个瓶颈期，触摸到的第一个天花板。在此之前，你只需要做好自己的本职工作，做好手上的事情，领导安排你什么任务，你做好就OK了。当到了第三个年头，你一般都可以非常熟练地处理岗位工作，基本没有什么挑战性，会处于一个舒适区。舒服的背面其实是一个危机，你要主动去争取更高阶的岗位，承担更多的责任和压力，要从被安排工作转变到给自己安排工作，甚至给别人安排工作，辅导别人去工作。如果这个时候你没有意识到瓶颈并勇敢地跳出来，你可能就永远待在最基础的职位上。这样造成的后果呢？当老板意识到雇佣你和雇佣新人没什么区别，但是需要付更多的薪水时，你可能就会被企业淘汰，甚至被市场淘汰了，当然还有另一种可能，就是你一直拿新人的薪水工作下去。"

社会快速发展，竞争日趋激烈，时代正在惩罚不想学习不会学习的人，也逼着你不断从舒适圈里出来，张新补充说道。

在创业公司做人力资源管理，日常的任务就是邀约应聘者，面试应聘者，安排入职，安排培训，做员工绩效辅导和情绪疏导等工作。张新在这个岗位上工作了两年，职位至人力资源部副经理，并且在此期间考取了二级人力资源管理师，此时的他算是步入了人力资源管理领域的大门。但是渐渐地，他发现在这之中除了工作与实践外，还有很多要去学习、要去研究的东西。张新甚至在某一个瞬间，猛然意识到，如果仅仅局限在创业公司、在小公司是远远不够的，他需要更大的舞台和战场。

从2014年底到2017年初，先后在一家机械制造企业和一家金融集团公司担任培训主管。正式在人力资源管理领域选择了更细致更深入的方向，有着之前做入职培训和业务培训的底子，在新的岗位上——培训模块越来越专业，内容也越来越深入，分工也越来越精细，在金融集团担负财务干部这一关键人才的培训和培养工作，他在这条路上越走越远，越做越深。经过几年的历练，最终来到了现在的这家公司、一家拥有6000多人的集团公司，一家从美国退市正在国内上市的大公司、在金融IT行业处于领头羊位置的公司，担任高级人力资源主管。

工作的日常

张新现于酒仙桥电子科技城工作，一家为银行等金融公司做IT系统的科技型公司，早上九点半上班，住在昌平区的张新六点半就要起床，简单洗漱后，七点钟坐地铁到望京西站，再乘班车到公司，单程通勤时间几乎要两个半小时，仅就路程而言可以说非常辛苦，而他日常的工作也绝非轻松。

相比于很多讲师和培训师，张新所要亲自讲授的课程很少，他大部分时间负责的是公司培训的体系架构、需求调研、组织实施等幕后工作。

张新讲解了自己的工作流程：在培训开始前，他需要和业务部门多次沟通，了解业务问题，分析培训需求。所谓的培训需求举例来说，如果某个业务模块近期增长较快，有些新岗位需要人手，一般会先从招聘方面解决，如果短时间内招聘不到人，只能从公司现有的员工中选出一些人，通过培训，让他们掌握知识，提高技能，满足新的岗位的需求。在这个过程中，能通过培训解决的问题就是培训需求。而公司在短时间内无法招聘到所需要的人时，便产生了培训需求。

张新说做培训管理最重要的就是会聊天，他经常和做业务的以及做技术的人聊天，在聊天过程中了解业务流程、业务进展和业务问题，当发现某个部门在某方面的不足时，一般就会分析培训需要了。此时张新作为培训主管，便开始忙碌起来。

接下来，张新会对需要培训的人员进行前期调研，看看是否可以通过培训的方式解决，如果确定，那就分析培训对象具体需要培训什么内容、通过什么培训方式达成。比如需要面授培训某项产品知识，张新后面就需要请到该产品的专家或讲师，安排培训场地，协调培训资源，组织一场培训活动。而有时会受到条件限制，"面授"的形式较为困难，张新就会请老师把所要教授的课程录成视频或者音频供大家学习。有时候，培训对象需要的知识暂时找不到培训老师时，张新会亲自找一些有经验的人交流，然后翻阅一些相关书籍，再去网上搜集些材料，整理成一些学习资料，发给学员，让大家自行学习。

一般培训活动结束后，除了安排学员作业、调查培训的满意度之外，张新还要对培训的效果进行评估，即了解这次的培训的效果怎么样。培训评估一般采取考试和答辩的方式来评估学员学习效果，此外，还通过核实培训对象的绩效表现来分析培训的有效性。简单来说，如果培训前有一项工作完不成，培训后可以完成了，或者一个项目之前需要十天完成，现在仅需要八天时间，那么就说明培训比较有效。反之，则表明这次培训效果是需要质疑的，他就需要对培训方案进行改进优化。

而相比培训前、后期工作而言，培训活动本身就显得轻松很多，培训中张新主要的工作内容是安排学员课堂学习，安排讲师讲课，服务好学员的上下课、吃饭、住宿等事宜。在讲解自己工作的时候，张新生动形象地把自己的工作比作学校的教务处，自己作为教务处里的老师，对于专业领域的内容可能并不了解，但是作为培训技术专家，会组织内容专家一起设计学生的培养方案，作为培训管理者，会协调和争取培养学生时所需要的各种教学资源。

工作中的自我要求

"对于培训工作的看法，我觉得是企业和个人终身学习的一个过程，非常重要。而且作为培训管理者，自身的学习速度一定要快于公司的发展速度。"张新这样说道。

对于公司而言，培训就是整个组织学习的过程。在前些年，培训会作为一种福利发给员工，但是现在，越来越多的公司意识到，如果不培训、不学习，真的会"死"，而且"死"的莫名其妙，"死"的无比凄惨。因为当今时代是飞速发展的时代，科技进步，社会变革，一旦停止学习，就会被对手远远地甩开，被跨界者"劫胡"，然后望尘莫及。这样一个严峻的内外部环境，赋予了企业培训工作者更加重大的责任，自我学习的速度和能力就变得更加重要。

张新将自我学习的方法总结为以下几种：

第一，通过主题阅读来学习新领域知识。他几次强调，大家刚进入职场，进入新的领域，至少要阅读和学习该领域的十本书，这些书可以帮助自身建立系统化的知识结构和认知，帮助自己提升思维的高度和广度，而不是单纯地在工作中遇到一

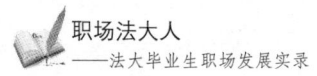

个事情，解决一个事情。

第二，利用碎片化的时间学习。比如阅读与当前领域有关的排名前几位的公众号，这些信息都是最前沿的、实践性和操作性极佳的参考资料，可以帮助自己获取最新的该领域的资讯、活动信息，等等，有时候还可以和作者在留言区交流，或者加好友联系一下。因此张新建议大家多关注一些与自己所从事的专业领域相关的公众号，利用上下班时间、休闲时间保持专业知识的活跃度，在达到一定积累之后，甚至可以向公众号投稿，发表自己的见解。

第三，要有意识地进行自我投资。张新觉得对自己的投资，是收益最高的投资。比如花费一些不菲的价钱去参加一些专业的培训或者课程，除了经济上的投入，当然还有时间和精力的投入。张新谈到自己公司在东北校招时的见闻，他们发现那里的应届毕业生多数会提前参加培训班，高的达到两万多元。原因是东北的重工业衰退，就业形势严峻，为了增强自己的适岗能力、就业竞争力，他们在毕业前就会对自己进行投资。

而就张新的培训工作而言，很多新概念、新知识需要他去学习，比如行动学习、教练技术、微课、体验式学习等，而且他还需要了解更多的成人学习理论，比如教育心理学、脑科学和创新培训技术，等等。如果仅从书本上去学习，一来很慢，二来离实践太远，三来容易进入很多误区，所以只能去参加专业机构的培训，更加系统地学习专业的东西。当然，参加机构培训所带来的另一个好处就是你可以遇到更多优秀的、爱学习有上进心的同行，交往一番，这些人很可能会成为将来的人脉和助力。

第四，积极地和别人交流。这是一种非正式的学习方法，但却是非常必要的。在职场上对于新人而言，职业习惯、岗位技能和工作技巧等大多都是从前辈身上学来的，聊天的过程其实就是学习他人经验的过程。和客户聊天、和同行聊天、和师傅聊天、和领导聊天，三人行必有我师。尤其对于人力资源管理从业者，学会与他人聊天和打交道更应该成为一种工作习惯。

"对于很多从事企业培训管理的人来说，最远大的目标应该是当上企业大学的校长吧！"张新谈到自己的职业目标时说道。

在企业发展到一定的规模和阶段后，学习型组织成为必然之势，而在人力资源部下面管理培训的模式，就会限制文化与培训和学习功能的发挥。这时候公司需要一个更专业和独立的组织来系统化、品牌化地进行培训规划，企业大学应运而生。而这个企业大学与我们现在的普通大学并不相同。主要区别点在于普通大学更注重的是学科素养的培养，而应用是短板；企业大学则相反。"企业大学更多的是战略导向、文化导向和业绩导向，一个企业强调什么就会学什么，缺少什么他就会去补什么。"张新解释道，"就像是一个人不会穿衣服，企业就会培训他如何穿衣服，而不会去培训人类服饰的发展史，也不会培训世界各国的穿衣风格与风俗。"

而想要实现成为企业大学校长的这个目标并不容易：这首先要求一个人拥有比较扎实的专业基础，比如培训技术、学习理论等；有对当下企业的熟识和了解，比如行业趋势、商业模式、组织架构、工作流程、绩效情况等；最重要的还要有软技能，比如人脉和资源、沟通能力、协调能力和洞察力，等等。

给大学生的建议

在采访中，张新分享了自己的经验和教训，作为大学生在未来求职道路上的指引和参考。如果大学生想参加类似的人力资源管理类岗位，大学时期的社团和实践经历会是企业比较看

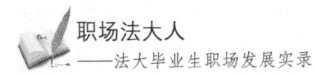
重的方面。同样去参加社团，你在社团中是作为一个默默无闻的社员，还是一个组织、带领别人工作的主席，是有着天壤之别的。

其次，管理类的岗位比较看重一个人的沟通能力。你要主动和别人沟通，善于挖掘别人的需求，在沟通的过程中知道别人想要什么，进而提供一个合适的解决方案。

最后，管理类的岗位会考察一个人的逻辑思维能力。一个人要管理好一群人，其做事的逻辑性很重要，这需要在日常生活中不断自我锻炼才可提升。

除这些外，张新给出同样适用于所有行业的经验建议。

首先，从事任何行业都要求一个人有很好的学习能力。如果一个应届毕业生在职场中仅靠着大学时候积攒的"老本"而懒于学习新知，那他在试用期就有可能被企业淘汰，因此对于一个成长型的企业来说，较之一个"吃老本"的名牌高校毕业生，他们更愿意聘用一个善于学习的普通大学的毕业生。原因很简单，这种学习型人才拥有更大的培养价值，并且会很快地成长起来。

其次，张新建议大学生毕业后先去一个优秀的大平台工作，在那里将得到巨大的无形财富，并使你终生受用。不论你将来换到了什么岗位、什么职业，最初进入职场中所形成的优秀价值观和工作习惯会一直影响着你的工作方式。张新举了一个生动的例子：假如团队里的公共区域有个东西脏了，没人要求你去清洗。在优秀的企业里，文化价值观会给你一个正能量的影响：我要去做这件事，因为这个时候，我代表的是自己的形象，代表的是团队的利益，培养的是我积极主动对事负责的思维方式，虽然不做不会对我有影响，但是做了会对我有更多无形的好处；但一般的小公司是缺少这种文化价值观上的熏陶和培养的，因为在这样的事情中，惯性和环境会影响你的想法：凭什么这件事是我去做而不是别人去做呢？做这种事情费力不讨好，一没领导看到，二没实惠和利益，还不如休息会呢！……这种种微小的念头，将会影响一个人的一生。

（文/杨泽龙）

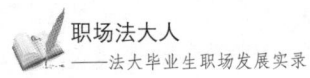
努力才会幸运

——访搜狐焦点李田田

【人物简介】 李田田，女，中国政法大学 2009 届新闻专业毕业生。自 2009 年毕业一直就职于搜狐公司至今，现任搜狐"焦点网"总监一职。

大学生活

谈到自己的学生生涯，李田田说那时的她其实更想当一名记者。"谁不在年轻的时候有一个当记者的梦呢?"李田田这样说道。高考结束后，她带着自己的理想报考了中国政法大学的新闻专业。法大的新闻专业并不是特别热门的专业，大多数新闻学院的学生或是调剂到该学院，或是在修自身专业的同时又修了法学的双学位。李田田就显得与众不同，尽管可以考取更难考的专业，她还是选择了新闻。问及为何选择中国政法大学时，"我是真的喜欢新闻传播，又综合考虑了自己的分数与大学地理位置因素，我最终选择了这里，也是一种缘分吧。"她这样说道。而在接下来的学习生涯中她也不负众望：在大一的时候考取了一等奖学金，大二的时候考取了二等奖学金。"在学习上我觉得自己还是一个比较聪明的人吧!"谈到这段经历时李田田轻松地笑着说。

除了学习之外，她的社团生活也是风生水起，大学期间她在辩论队打过辩论，在记者团做过采访，体验了丰富多彩的大学生活。关于参加社团的感受她说道，大学社团最重要的就是"折腾"，能怎么"折腾"就怎么"折腾"，在此之间，自己的身份是社员还是社长都不重要，重要的是曾在社团中做出了一些成就，才是参与社团的意义所在。而在社团的经历也对她日后的工作习惯影响巨大：做事要认真细心，遇见事情不要放弃，努力克服。

九年搜狐路

这样优秀的她本应成为一名优秀的新闻记者，命运的安排却永远让人参悟不透。为了丰富自身经历，李田田在大学毕业

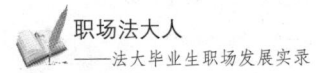
前开始四处投简历寻找实习机会。没过多久，搜狐看中了她丰富的大学经历，向她投来了橄榄枝。由此，她以实习生的身份开始在搜狐这样一家著名的企业工作，而她与搜狐的因缘此时刚刚开始。

实习生"小白"

尽管得以进入搜狐工作，实习生的身份还是时时让李田田感到如履薄冰。也许一个小小的错误就会失去成为正式员工的机会。搜狐对待实习生如同正式员工一样严格，大学刚刚毕业、没有一点经验的年轻人往往就要单独承担起一项完整的任务，这对于李田田来说压力是非常巨大的。可是这并没有让她就此退缩。她回忆道，自己当实习生时极其用心。上级分配下来的工作从来都是抢着做，不管任务有多困难，她都是从来不抱怨，顶着巨大的压力去完成。"现在总结的一个经验就是，遇到事情，你要做的就是硬着头皮上，想一百种方法去解决它，当你后来回头再看看，你会觉得没有什么事情是解决不了的。"

成功是依靠九成的勤奋和一成的天赋配制而成。李田田最终的成功不仅仅因为她勤恳的工作，也与她过人的天分有关。她实习期间的老板有一个特别的用人习惯，那就是通过一个人做的第一件事的好坏去评判一个人的能力。李田田可以说就是通过自己的第一次施展拳脚让老板认可：那时的李田田做的是搜狐的产品运营工作，而她所做出的成就是通过搜狐门户网页的一条文字链获得了 100 万的独立访问用户。也正是这一举措让李田田这一个名字进入老板的视野，让她有机会成为搜狐的一名正式员工。自此，李田田也就成了"搜狐李田田"。

上级的"得力干将"

自 2009 年至今，李田田已经在搜狐工作了 9 年。在此之间，她一直和自己的上司保持着亦同事亦良友的关系。"和上级保持良好的关系也是工作中非常重要的事情。"李田田说到自己九年来的成就与遇到一个好的领导是分不开的。在入职初期，她的上级仅仅管理包括她在内的几个人，因此员工有机会和自己的老板对于工作上遇到的问题进行面对面的交流。"比如我们关系好到经常会和老板一起吃饭，这在其他很多地方是做不到的。"这样带来的好处显而易见。首先，和老板直接地沟通使她更快地获得最新、最及时的互联网知识，可以更直接地从上级身上学到自己想要的东西；其次，通过日常工作中的接触，老板可以更加全面地了解她，进而将其调到最适合的岗位上；最后，自己做出的成绩可以最快地进入上级的视野，可以使自己的职位得到很快的晋升。李田田坦言道，自己做到现在的位置可以说完全是自己的上级带出的。这种良好的上下级关系实在难得，而在某些企业甚至会出现上下级互相猜疑的情况：上级害怕自己的下级超过自己，从不会把所有的东西全部教授出来；对于下级所犯的错误从来不会当面指出……这往往不利于一个企业的发展。"其实这也是一个相互的关系。"李田田说道，上级对下级真诚，下级也会对上级忠诚。如今李田田自己的上司从当初管理几个人到如今管理几千人，然而从当初一直留下来的只有她一人。"我可以说是老板的得力干将，而且根正苗红。"李田田笑着说。

逆境时期

李田田这一路走来，看起来一帆风顺，但是在此期间仍有

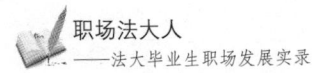

一个的逆境期。谈到最辛苦的时候，李田田回忆自己曾有一段时间负责"搜狗输入法"弹窗新闻的工作。由于工作性质原因，李田田必须在七点半之前到达公司并且更新新闻，晚上11点才能离开公司。而她住在离公司两个小时车程的地方，每天这样往返家与公司之间持续了一年的时间，这种劳累程度可想而知。尽管如此，她还是坚持下来了。

还有是在她来到搜狐"焦点"网站的初期。在此之前，她只负责的是某一板块的工作，而来到"焦点"后，她要负责一整个领域的所有工作。经验的缺乏使刚入职的她手足无措。"当时的压力真的是太大了，我一度觉得自己解决不了这些事情。那段时间满脸起大包，回到家都会哇哇放声大哭。"但是尽管如此，哭过之后第二天还是要继续平静地面对工作。她这样告诫自己，要克制住自己，不要把情绪发泄给自己的员工，硬着头皮想一百种方法去解决问题。李田田曾遇到过数不清的困境，到如今她都一一克服过来，印证了那句"天无绝人之路"。

今天的她

如今的李田田已经成为搜狐集团下"焦点"网站的主要负责人。"焦点"是搜狐集团下的房地产家居在线服务平台。李田田介绍了"焦点"网的运营模式：第一，"焦点"充当的是发布房地产信息的一个媒介平台，即网站的记者通过宏观政策分析区域经济，并通过一系列的社会调查来报道与整个楼市相关的新闻，与此同时通过收取各房地产开发商的广告费用盈利。第二，"焦点"通过"大数据"来实现用户与开发商的良好对接。网站通过多年来积累的用户量做用户画像，之后分析各个年龄段的人群偏向于买什么区域的房子、预期的价格是多少，进而促成这样的交易，最终达成使用户更容易买到房子，开发商更容易卖掉房子的目的。李田田所要做的就是介入这些工作中的每一个环节，监督这些事情得以妥善地完成。

尽管九年来李田田一直都在搜狐工作，但是她却从事了各种各样的领域。对于所有的领域，她都可以游刃有余地胜任。对于工作的调换，她从来没有抱怨过，而是切切实实地完成一项又一项的工作。"工作这种事，就要干一行爱一行，没有什么可以让你挑挑拣拣的。"她说道。

经验与心得

九年来，李田田从搜狐的一个"小白"，经历了负责一个版块，再到后来的负责一个领域，最终成为搜狐的一个"大佬"。她总结了自己的经验与心得：第一，遇到困难一定要迎难而上。不管多么困难的事情总会有解决的方法，当你解决事情之后，你会发现现在的自己与原来相比提升了一个层次。第二，做事情永远不要拖延。当天的事情一定要在当天完成，如果选择去逃避，逃避过后事情仍然在等着你去做。李田田有一个应对拖延症的方法，她会把每天的事情都记在一个记事本上，每天督促着自己去完成上面记的每一个事情，完成一个事情后便用笔划去，这样一件一件地把事情解决会让人很有成就感。第三，学会独立解决问题。在企业中有很多事情是需要自己去摸索学习的，而不会有人去教你如何做。此时自我学习的方法就显得非常重要。李田田谈道，首先和这个行业的人去接触是最好的学习方式，通过与他人的交流学会事情的处理方法。其次，自己可以去读一些相关领域的书籍去丰富自己的知识。最后也是最重要的，那就是在工作中进行实操，在实践中去检验和学习从而更好地领悟其中的原理。

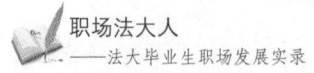
致求职的大学生

搜狐作为一个互联网公司，其最大的特点就是赋予个人的自由度大，供个人施展才华的空间大。这样的环境使搜狐中甚至是一个实习生都得以在公司中施展自己的才华。实习生的职责不是在企业中做些杂务，而是担任起一个完整的职责，这样的工作方式很容易锻炼一个人的能力。正是这种自由的企业文化使搜狐有着"互联网行业的黄埔军校"的称号。因此李田田建议今大学生如果向往一种自由的工作氛围，可以在毕业后选择互联网行业。由于互联网行业更注重的是创意与想法，因此不存在专业领域的门槛——任何专业均可就业。在互联网行业飞速发展的今天，对于求职的毕业生来说，薪酬高、自由度大、经历限制要求少的优势使互联网行业可以作为寻找工作时的不错选择。

与此同时，互联网行业也对求职的毕业生提出了要求。李田田谈到该问题时说道，当今大学生在就业时存在一些问题：首先对自己要求不高，在小事上不注重细节，比如给上级提交的文章中错别字频出。这些点点小事就会反映一个人的工作态度。其次就是不愿意干苦活，人人都想吃肉，却不想付出。这种坐享其成的态度也不会被任何一个企业所接受。

李田田对想进入互联网公司的大学生提出了以下三个要求：第一，要对互联网行业真正充满兴趣。这种兴趣表现在大学时期是否有过相关经历，或者是否时刻关注互联网行业的最新动态。而不可以仅仅是笼统地、无目的地"喜欢"这一行业。第二，要足够的聪明，有丰富的想法与创意。互联网行业由于其性质需要富有创造性的人才，因此有想法的人在互联网行业如鱼得水，而疲于思考的人可能尽管勤勤恳恳工作数年依旧平庸。

第三，要肯吃苦，天下没有不付出努力就可以办成的事。当今大学生生活条件普遍优越，缺乏吃苦精神。而每一个行业都会有比较复杂的事，这是每一个就业者都不能逃避的事情。以这三点进行自我要求并做到，对于当今大学毕业的求职者将会是一个巨大的飞跃。

（文/杨泽龙）

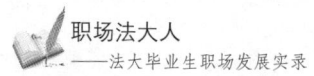
脚踏实地　职场前行

——访正和岛公司王春亮

【人物简介】王春亮，男，中国政法大学 2011 届毕业生。阔别母校七年，提起法大，王春亮仍然很有感情。而这七年里，王春亮也带着他在母校学到的知识与本领，在职场这片新天地里，取得了属于自己的成就。

职场生涯

七年的时间不算太长，但是足够迈上人生的一个新台阶。离开法大的这七年里，王春亮的职场路并没有太大的波澜和挫折，但也是一段丰富、令人难忘的经历。这是他职场生涯的基石，而这基石被他扎扎实实地打了下去。

2011 年，王春亮从法大毕业，同所有毕业生一样，他也面临着未来道路的选择。在找工作和继续深造这两条路中间，他首先选择了找工作。王春亮是国际法学院法学专业毕业生，同很多法科学生一样，他选择去考公务员。他去考的职位是山东海关，也没有太多理由，主要因为这是个离家近又不错的岗位。而法科学生经常选择的公检法岗位，他觉得并不太适合自己，所以就干脆地不再考虑。王春亮笔试和面试的成绩都不错，本来可以顺利成为一名公务员，但是造化弄人，由于种种原因，他最后并未成为公务员。

考公务员的经历并没有打击到王春亮，他开始积极地去找其他工作。没有费太大周折，他找到了自己的第一份工作——链家网的法务。众所周知，链家网是一家大型房产服务平台，在这里的第一份工作总体而言还是不错的，这份工作王春亮做了四年。链家网虽然是家大企业，但是业务相对集中在房产服务领域，在这家公司做法务能够接触到的合同、诉讼也基本都集中在房地产相关的范围内。时间一长，王春亮还是决定做一些新的尝试。2015 年，他从链家网离职，开始了他的第二份工作，即是在中国建筑工程总公司做法务，但这份工作持续的时间非常短。中建是一家大型国企，王春亮并不太适应这里的氛围，于是很快就从这里离职了。

而后，王春亮开始了他的第三份工作，就是他一直做到现

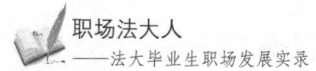
在的工作——正和岛公司法务。正和岛信息科技公司是一家专注于打造商界高端人脉社交平台的企业，由前中国企业家杂志社社长刘东华创办，柳传志、王石、马云等人都是正和岛的热情支持者。在这样一家企业里工作，王春亮适应得很顺利。正和岛公司的影响力虽大，但公司员工不算多，所以公司法务人数并不多。王春亮的工作并不算非常忙碌，但很充实，而且可以接触到各个领域的法律问题，他对这份工作很满意。

职场经验

这七年的职场生涯并不算太长，王春亮未来还有更长的路要走。不过已有的经历也让王春亮积累了独属于自己的经验。这些经验对于我们在校的大学生以及毕业生而言，有着很大参考价值，在将来我们要踏上职场之路，而王春亮的经验将会同我们遇到的问题非常贴合。

临近毕业，需要考虑的第一个问题是去考研还是找工作。随着时代发展，大学以后继续深造成了越来越多人的选择。但继续学习其实不只有考研这一条路，有很多人也会选择先工作几年，然后再读研究生。王春亮也有这样的计划，未来的几年里考虑选择一所北京的大学读研究生。关于是先读研再找工作还是先工作再读研这个问题，王春亮认为并不需要过度纠结。这两个选择各有各的好处，选哪一个还要看个人的想法，以及当时当刻的境况和机遇。如果先读研再工作的话，找工作时必然有个学历的优势。但这不意味着本科毕业直接找工作就是绝对的劣势，首先，本科毕业的我们已经具备了一定的能力，可以胜任工作；其次，本科毕业有本科毕业的好处，本科毕业生年纪比较小，可塑性更高，成长空间更大，招聘单位有可能更倾向于这样的求职者。工作一段时间后，也许可以更清楚地认识到自己更需要提高什么，这样再去读研或许有不同的收获。在这个问题上，同学们不必盲目从众，应当做出自己的选择。

当我们投入求职大军后，面临的另一个重要的问题是如何应对招聘面试。提起这个问题，王春亮笑言，他认为这个问题或许不像许多毕业生想象的那样困难。大家要做的就是认真准备，面试官是为了选拔出好员工，并不是要难为大家。作为职场新人，大家都没有丰富的经验足以恰当应对很多问题，但是这不意味着我们完全无能为力。在这个过程中要充分展现出自身的综合素质以及良好的态度，让面试官看到这个求职者未来可以成为一位可靠的同事。素质和态度体现在方方面面，其中很重要的一个环节是简历。简历应当格式正确、内容充实，王春亮特别提到的是，社团经历会是面试官比较看重的一点。这部分内容可以在一定程度上反映出一个人的能力、性格，因此在大学积极参加社团活动也是一个很好的选择。而在面试等环节上，面试官提出问题并不是一定要寻求正确答案，更重要的是考察大家的能力、素养，大家需要有针对性地应对。

就求职而言，法科学生中除考公务员外，做律师或者公司法务是很多人的选择。王春亮所做过的三份工作都是公司法务，对于这一职位，他有着自己的体会，他也很愿意向师弟师妹推荐这个职位。法务工作同样是围绕合同、诉讼等内容开展的，但不同于律师，法务需要服务于公司的整体运转，因此法务也需更多地考虑公司整体情况，针对此做出应对。公司法务相对于律师而言，更加稳定，工作压力一般来说更小一些。或许有的人觉得法务这个工作存在升职发展上的瓶颈，但王春亮给出了否定的答案。他认为法务同公司的其他部门一样，都是公司重要的一部分，并没有特别限制人的瓶颈。总体而言，公司法务也是一个可以考虑的不错选择。

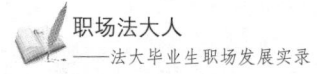
给师弟师妹的建议

王春亮通过七年的职场路积累出自己的经验，而带着对母校师弟师妹的关心，他也根据自己的经验提出了一些建议，希望师弟师妹未来的职场路可以走得更顺利。

首先，王春亮着重提出来的是，大家在学校时应当好好读书，用知识让自己更充实。这是一个很基础的建议，可能很多人都会这么说，但无疑这是很重要的一点。在学校，各种课程上，老师带领着我们系统地学习知识，这样的经历，在工作后很难再有。我们未来工作非常需要大学里学到的知识作为坚实根基，无论选择做什么工作，这点都是不会改变的。在各类学习中，王春亮特别强调了写作能力，这对于大家特别是法科学生而言，是非常重要的一项能力。能写出逻辑顺畅、语言严谨的文章会为工作带来很大帮助。这不但对我们的职场生涯非常重要，对我们的整个人生而言也很重要。希望大家珍惜在大学的时光，努力充实自己。

第二条建议是要保持良好健康的生活习惯。身体是工作学习的本钱，工作后大家也许会面临更大的压力、更紧张的生活节奏，在这种环境下，定期运动、健康饮食、规律生活很容易就会被抛到脑后，身体也容易出现各种问题，得不偿失。因此我们最好从大学就养成良好的生活习惯，这对未来工作后的生活也有好处。

王春亮最后提出来的一点是要对自己有信心，不必太过焦虑。我们是法大的学生，我们走出校门时其实已经具有了一定的能力。而职场也并不是很多人想象的那样莫测可怕，法大人有能力找到一份满意的工作。我们要不断提高自己的能力，同时也要相信自己的能力。有时候对职场的焦虑，其实是对未知的畏惧，我们还身处校园，不清楚很多职场的情况，这或许会让人生出很多担忧。但职场路其实并不是不可捉摸的，脚踏实地，稳步前行，清楚自己到底要追求什么，希望大家可以得偿所愿。

再次回到法大校园，王春亮也怀着独属于自己的感念。法大的各个角落环境悄然发生了很多变化，不变的是送走的一届一届毕业生。大家相聚在这里，四年后走出校园，踏上社会。法大带给我们的珍贵之处或许很难在一时全部察觉，但当我们走上职场之路时，总会有新的发现。职场这条路上，王春亮已经扎稳了脚跟，相信在未来更漫长的道路上，他会脚踏实地，愈行愈远。

（文/王颖昕）

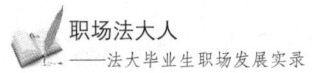
从律师到法务 从专业到更专业

——访龙湖集团王艳

【人物简介】王艳，女，中国政法大学诉讼法学专业刑事诉讼法学方向 2008 届研究生，同年入职北京市炜衡律师事务所，2016 年进入华夏幸福孔雀城住宅集团，现就职于龙湖集团法律事务部。

工作感悟

"毕业以后,我一直在房地产行业,专注于房地产的收并购及开发过程中的法律事务。从身份上来说,以前一直做专职律师,后来进入公司做法务,身份角色发生了变化。虽然做着同样的事情,但是工作内容上还是有一定区别的。比如律师深入公司内部的事务很少,都是负责一些公司委托的事情,像合同的审核、法律咨询、商务谈判、代理诉讼案件等。但是在公司做法务,要参与到公司的经营过程,了解整个公司运营的情况和它将来的发展方向,以及未来几年的整体发展规划。所以从职业发展角度来讲,在公司做法务,是随着公司的发展来做职业的发展规划,做律师就要自己规划自己了。"

王艳简单讲了这几年工作的感悟。多年来扎根于房地产行业,身份也从一个专职律师转变为一个公司管理者。在转变的过程中,王艳还有在专业知识方面的感触,"做公司法务之后,这个行业专业性的问题接触的多了,比做律师的时候对房地产行业整体有了不同的认识,会更加专注于房地产行业的专业知识,把专业知识和法律知识结合起来,而不是单纯地从法律条款角度看待问题。专职律师和公司法务,他们的身份其实有一个很大的区别——律师是从外部服务者的角度提供法律意见,法务是从内部经营管理者的角度提出法律意见。"

王艳还讲了讲自己在工作选择方面的原因。"从专注'专业',到专注'行业'。我在律所的时候也是为房地产开发企业提供法律服务,在律所这些年,对房地产行业知识的认识还不够深刻,那时候总觉得对房地产行业的专业知识处于一种边缘化的似懂非懂的这么一个境界,后来就想多学习一些公司方面

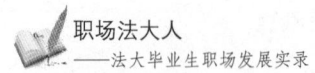
的专业经验，最后选择去公司做了法务。炜衡是规模很大的律师事务所，毕业的时候觉得去律所是一个非常好的锻炼机会，有幸遇到了我的第一位职场导师，带我入行，帮助我快速成长。回头看来，在律所和在公司的成长速度是不一样的。毕业的时候选择去律所，发挥自己的专业特长，能够在最短的时间内让自己成长起来。转入公司之后，视野更加开阔了，需要统筹全面第思考问题。"王艳还说，在律所的经历也给了自己一些优势，律所的工作身份是相当于乙方，公司的工作身份相当于是甲方，同时有甲方和乙方的工作背景，这个在职业发展中都是加分项。"做律师的话，自己亲自去做案件，分析把握案件思路，对整个诉讼流程非常熟悉，现在不自己做直接案子了，而是站在管理者的角度去管理诉讼案件，公司诉讼案件由外聘律师代理。律师向我汇报案件的时候，从汇报内容，我就能判断出来这个案件的走向是否准确，有没有遗漏关键的要素。"王艳表示这样的经历能使自己现在的工作更加得心应手。

行业状况

王艳提及行业现在的要求，"从事本行业的话，法律专业肯定是最基础的，但是法律专业知识其实只占到在本行业工作资质的50%。另外那50%需要学习房地产行业的专业知识，比如说营销专业知识、财务专业知识、工程专业知识、成本专业的知识、物业管理方面的知识，这些知识不一定要精，但一定要懂。我做专职律师的时候考取了房地产估价师执业资格，但都是纯理论性的，是书本上的内容，后来进入公司以后才能把学到的知识和实践结合起来，提升了自身的职场硬实力。理论指导方法有很多，但实际情况往往很复杂，实践是帮助你检验理论知识是否可靠的唯一途径。"

在工作内容上，王艳提到了两份工作之间的区别，"两份工作的辛苦点是不一样的，法务更多的是从事管理工作，从管理者的角度去考虑问题，律师更多的是要做具体的事情，从法律专业的角度去思考问题，不能说这两个比较起来谁更辛苦一些，因为二者做事的方向和内容是不一样的，其实都很辛苦。"

王艳还讲到了工作的满意之处，"进入职场的每一步都是有目标、有计划、有行动，逐步完成的。我对现在的工作状态比较满意，因为公司的平台很好，运营、管理、资源整合、创新和变革能力都很强。自己要充分认识到所做工作在公司中的位置，进一步了解公司的整体发展情况，自己的眼界和全局观就大大拓展。说起挑战的话，在现在的创新社会中，面临的挑战随时都会出现，需要我们学习更多的知识，运用到实践中去应对。目前处于管理者岗位，我比较喜欢管理者的思维，思维的质量决定我们未来的质量。每天都在让我不断地更新自己，因为现在这个阶段，不可能所有的事都自己做，发挥团队的合作优势才是取胜的关键。"

寄语同学

"同学们应该珍惜在中国政法大学学习的机会，中国政法大学是全国数一数二的法学院校，学习氛围很浓郁，再加上这里有全国最好的法学老师，这些优秀老师授予学生的都是最前端的专业知识和视角。学生都是全国各地的尖子生，你身边的人就决定了你自己将来是个什么样的人，跟这么多优秀的同学每天在一起共同学习，对于自我品格、世界观、价值观的形成都有很大的帮助。"王艳讲道，"房地产行业将来是平稳发展的行业，未来对法务的需求会越来越多，专业能力要求也会越来越高，这个专业能力不仅仅是指法律知识的能力，也指房地产领

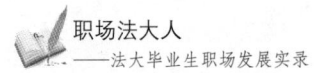
域的专业能力。在这个行业里面，法学知识和行业知识是分不开的，把二者很好的融合，把法律知识很好地运用到房地产实践中，才是这个行业最需求的人才。"

"我的建议是学好法律专业的基础知识，多参加行业的实践。我建议刚毕业的学生，如果想要在最短的时间内让自己的能力有一个较大的提高的话，先去律所，在律所工作三到五年以后，再去公司做法务，这个时候进了公司以后你就会发现你自己有很大的一个优势。另外，如果你喜欢某个行业的话，就要提前学习这个行业的专业知识，不要把自己局限于一个法学院的学生，其实进了社会以后你会发现在学校里学的东西其实只占很少的一部分，更重要的是运用所学的方法，在实践中学习更多的专业知识。"

（文/陈睿哲）

独立自由 一种生活的可能性

——访好未来集团吴双双

【人物简介】吴双双，女，中国政法大学商学院 2007 级经济学专业本科生，目前就职于好未来集团爱智康事业部南京分校。

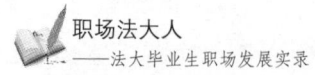
独立地养活自己

2011 年夏天，同历年一样，年轻的演员从毕业的剧目中走出，奔赴各自的生活。当时作为主流的读研和考公务员的同学在这个时候大多已经明确了去处，而吴双双则坚持了自己一直以来的想法，开始着手求职就业。

早些时候，她在家人的期望下参加了公务员考试，但她心里清楚，体制内的生活绝不是她想要的。商学院出身的她也随性报考过会计证书，如今回忆起自己当时的漫不经心，甚至拿到卷子才发现试题有一整本，吴双双认为这并不可取。她建议在校生珍惜这一段最适合学习的时光，抓紧机会拓展知识。即便不考虑从事与此相关的工作，各项证书也能作为自己良好学习能力的证明。

尽管如此，在当时，这些确实不是吴双双的兴趣所在。那时的她只想着尽快找一份工作，养活自己。大学期间，她曾在学校的就业创业指导服务中心参与学生工作，协助举办校园宣讲会，同时处理信息登记、档案发放等相关工作。在吴双双毕业的 2011 年，网络信息远不如现在发达，各个学院的就业指导制度亦不如现在完善。尤其在在校生实习尚不盛行的情况下，学生很难对各个职业有切实切身的理解。在择业的过程中遇到问题时，她通常会找就业创业指导服务中心的老师寻求建议。他们手上掌握着企业的人脉，对各行各业的情况有一定了解，也乐意为学生提供就业指导。

吴双双前后参加了五六场宣讲会，这其中有在本校参加的，也有去其他学校参加的。她发现，或许是因为昌平的环境相对闭塞，法大的同学在沟通、交谈方面未必有足够多的经验，常常表现相对质朴，有时会因此处于劣势。在其中一次求职过程中，即便在同时有清北研究生参与的情况下，吴双双也成功从群面中脱颖而出。然而，群面毕竟以同龄人之间的对话为主。当她进入下一轮竞争，面对眼前坐着的一整排企业 HR，紧张的情绪难以克制，继而影响到正常发挥。结合切身经历，吴双双建议在校生着重锻炼自己的表达能力；再者，在求职阶段，如果有多场宣讲会需要参加，在时间安排上可以将最心仪的选择排在最后，从而通过前面的面试积累经验。

决定接受爱智康事业部的数学老师一职，更多是因为这份工作是最早敲定下来的。她应聘的岗位是专门负责一对一教学的老师。相比起"一对多"，甚至大班上课等工作形式，"一对一"的工作门槛相对较低，但老师的上升空间较大。通过初试时，毕业生已经办理完退住手续。她和同学租了学校的床铺，每天早上乘坐 345 路公交车再转乘地铁，辗转三个小时到城里参加培训。为期半个月的培训包括相对应的授课知识和授课技巧等内容，配合以练课、试讲。培训中的聚精会神、沿路通勤的往返奔波，足以耗尽她一天的精力。

在旁人看来，吴双双似乎没有什么远大的志向。如果一定要为人生寻出一个目标，那么她的目标应该会是这样的一个愿望——独立地养活自己，继而自由地过自己想过的生活。这份愿望是如此美好，而又富于力量。

想一想自己想要什么

正式入职之后，吴双双的工作被安排在昌平区。

那时北京的教育资源不算均衡。对于吴双双主要教授的对象，即初中生而言，昌平地区的优质高中较少，而北京中心城区高中提供的名额亦很少。当时一对一的教学形式方兴未艾，它的飞速发展业已可以预见。

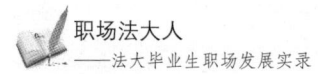

即便家教的经历对于吴双双来说并不陌生，这份工作仍然同她想象中的样子有所不同。个性化教育实属服务行业，从业者需要具备良好的沟通交流能力，进而尽可能地贴近顾客的要求。进入行业以来，吴双双遇到过各种各样的状况。她记得她第一次为工作而哭的经历。事情的起因是一位学生家长理所应当地认为老师的工作应当包括批改学校作业，但她并不认可。此种分歧起初未被觉察，因而也未经协商，以至于"家长觉得做得不够，老师也真的觉得自己都已经做到了"。历经风浪后回首，吴双双也承认，这件事在现在看来算不上严重。但在当时，初入社会的大学毕业生第一次感受到人情如何为利益所压倒，心中不免感到难过和委屈。

求职之初，吴双双一心想着先安定下来，没有过多考虑留京还是回家的问题。然而，在北京工作必然会面临落户、买房等诸多困难。而随着父母年岁渐增，她更希望在一个能够随时回家的城市工作。

时间在她的些许犹豫间转瞬即逝，毕业四年之后，吴双双终于来到南京。这座城市拥有和北京一样深厚的文化底蕴和诸多发展机遇，且距离家乡盐城仅有两百余公里的路程。

职场上一贯有"换工作穷三月，换行业穷三年"这样的说法。据此，吴双双决定继续留在教育行业工作。而在另一方面，她毕业后四年如一地就职于同一岗位，因而也希望借此契机能够带给她一些改变。

于是三个月后，她成为南京一家外语培训机构的课程顾问，主要从事销售工作。销售是公认的辛苦且锻炼人的工作。但在当时，吴双双心里想着"年轻，还能再拼一把"，便也去尝试了。这份工作要求她放下大学生所有的身段，尽可能地与人沟通。每一天，她都要承受几百分钟的上机通话时间。她需要在通讯列表中筛选出潜在客户，并在各色资料中检索有效信息；不仅需要明确我方公司的产品优势，也要对竞争对手的相对劣势有所了解。每至月末，绩效任务带来的压力尤其令人煎熬——如果不能完成，只能拿到底薪。这样的岗位，公司有时一并招聘十余人，但最终留下的仅有三至四人。因而同事之间竞争激烈，时而擦出些火药味也可以想见。

除此之外，让她感到不适的还有公司的企业文化。公司主打的英语培训不属于学生发展的刚需。因而在销售过程中，她有时需要说服顾客购买他们并不需要的产品，而这一行为正是为公司的文化氛围所鼓励的。在吴双双看来，公司在各个方面都弥漫着一种不断向上拼的气氛。而综合整个公司的运营情况，这样的文化让她无法欣赏。

于是半年过后，她又一次辞职。同上一次辞职后一样，她略微休整了一段时间，继续思考自己想要的是什么。

选择适合自己的企业文化

目前，吴双双回到好未来集团爱智康事业部，在南京分校继续讲授数学，并兼任产品研发部初中数学组组长。

授课和研发是相对独立的两份工作。研发工作在每周的周二、周三、周五三天进行，成果以教材教辅为主要形式。周四用于教学交流与研讨。授课时间由教师自由选择，吴双双负责的课时排在周六。如有意愿，也可以在工作日的晚上上课。寒暑假时段课程需求量大，因而工作转向以授课为主。这样的生活规律又不乏自由安排的空间，在吴双双看来，这样的工作非常适合她。

爱智康作为业内顶尖品牌，企业内部的各项设施、制度已经相当完善。对于企业职工而言，这意味着在大多数情况下，

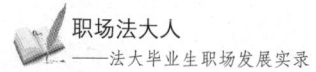

依据既定的程序、利用现存的资源，就能将工作安排得有条不紊。吴双双所从事的一对一教学工作，尤其需要考虑家长的多样要求和学生的具体情况。对此，每位老师可以从机构建立的专属题库中自由筛选试题进行编辑。此外，个性化教育的市场状况要求企业必须走在学校前面，积极配合、补充学校的教学。如何提高教学质量，如何将一周两个小时的课程效果延续至全周，都是老师需要经常思考的问题。为此，每周周四被专设为研讨时间，各位老师在这一天里彼此交流授课经验，提出新的想法，周末课程的备课也在这一天中完成。

同时，企业也为从业者设置了一系列的考核机制和个人发展机制。每位教师每年要参加两次基本功考试。课堂效果则通过续报率、退课率等指标进行衡量，辅之以电话回访抽查。另一面，爱智康时常为职工组织培训，内容包括日常使用的办公技能，有时也会邀请国内外名家开办讲座。这些培训，吴双双"能参加的都会参加"。近年来教育行业频繁创新，"用科技推动教育进步"已然写入爱智康的企业使命，影响着企业的宏观决策。尽管这些转变尚未延伸至授课老师的基本教学工作，但是这一潮流必然要求从业者保持开放的学习心态。

让吴双双最终决定回到爱智康的原因，在于它的企业文化。在这里，同事、上下级之间相处融洽。在相对开放的氛围之下，任何人有好的想法都可以随时提出。另一方面，爱智康在招录时通常偏向于踏实实干而非取巧的性格。且一旦应聘者的能力得到认可，即便公司认为他并不适合手头的工作，他也有可能被安排调岗至其他部门。根据切身经历，吴双双提醒师弟师妹在应聘时注意留心公司的企业文化，选择自己认可的文化氛围。

随着社会的发展，单纯的学校教育很难满足学生发展的多样化需求。因而吴双双对她所在的个性化教育行业的前景持乐观态度。这一行业通常不设专业限制，且门槛相对不高，日后的发展更多依靠个人的综合素质。其中，吴双双建议应着重提高与人交流的能力和做事的执行力。通过沟通将任务协商明确，脚踏实地将任务有效完成，任何工作都应当如此。

（文/邱莹婷）

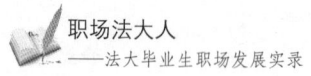
治之已精　而益求其精也

——访 2010 届校友丁飞

【人物简介】丁飞，男，中国政法大学企业管理专业 2010 届硕士毕业生。曾任职于广西玉柴机器集团有限公司投融资部门、长江证券股份有限公司武汉友谊大道准分公司。丁飞拥有证券从业资格、法律职业资格、中级经济师等多个职业从业资格，在法律、财税、投融资等领域有丰富的工作经验，曾多次被评选为公司优秀员工，获得公司特别贡献奖。

对于三十岁的丁飞来说，不论是工作，还是生活，一成不变与安逸享乐都是禁锢人心的高墙囚牢，他信奉不进则退的道理，渴望走出舒适区，渴望直面挑战，迎难而上。

丁飞生于河南，高中毕业后，他只身一人来到江西，异乡求学，"落霞与孤鹜齐飞，秋水共长天一色"的赣江美景，使丁飞对温柔如水的南方城市念念不忘。2013年，丁飞从法大硕士毕业后，思虑再三，决定离开北京，去南方工作。

广西玉柴机器集团给丁飞提供了一个投融资部门的岗位，这正好是丁飞想要的。虽然大学学的主要是企业管理、人力资源管理，但丁飞却始终对投资更感兴趣。他说，人力资源管理的工作对他来说因为太过熟悉而失去了挑战性，反而变得繁琐日常。人力资源管理工作更偏向于按部就班地执行，围绕着业务打转，可丁飞却喜欢让自己成为工作的主人，有充足的空间发挥个人能力、专业性和能动性。

在广西玉林就职后，丁飞又被公司公派去了广西南宁市。公司投融资部门的角色就是总部领导的参谋员，集团的重大项目都需要投融资部门的先手判断，这份工作的重要性要求丁飞迅速地从一名职场新兵成长为职场精英。部门规模不大，却职责繁重，加班加点也是常事。但好在丁飞在本科阶段修了法学双学位，又在法大攻读研究生，通过了司法考试，有深厚的法学功底，因此负责了许多法律方面的工作。许多方案设计也有他的参与，设计了重组计划的方案并一步一步论证，逐步克服方案推行过程中的一道道难题。

2013年的10月，是丁飞入职广西玉柴机器集团的第三个月，也是他妹妹新婚的日子。离家千里，为了尽心尽力做好每一份工作，丁飞牺牲了不少休息和陪伴家人的时间，就连妹妹

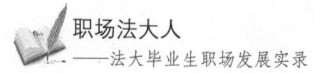
结婚，也因为赶项目，没能来得及赶回河南老家参加妹妹的婚礼，提及此事，丁飞充满了遗憾。但他对待工作尽心竭力的态度也使他受益颇多。他从懵懵懂懂的学生逐渐成长，看到了自己的长处和短板，对自我有了更清醒的认识，他发现在做投资项目的分析和论证时需要财务方面的知识，这是他本科和研究生阶段的学习所欠缺的，所以，为了弥补自己的短板，做到精益求精，丁飞工作之余，还抽出自己的休息时间，从 2015 年开始学习注册会计师的课程，至今已经通过四门考试。其次，他养成了认真负责的工作态度。玉柴集团是国企，有统一的工作标准，不论是数据引证、数据分析还是数据标注，都要求合乎规范、逻辑清晰。此外，丁飞还和同事结下了深厚的友谊，在工作中互帮互助，直到他 2016 年 3 月从玉柴集团离职来到武汉定居至今，都与当初的同事保持密切联络，有朋友来武汉出差，丁飞一定与他们一起喝喝茶、聊聊天，仰望长江大桥的雄伟，也欣赏春日樱花的柔美。

2015 年，丁飞有了自己的小家庭，女儿也出生了，他的妻子在武汉上学，丁飞便在 2016 年年初向公司递了辞呈，来到武汉与妻子、女儿一起生活。回忆起那段时光，丁飞感慨不已，武汉对当时的他来说完全是一个崭新、陌生的城市，妻子尚未工作，女儿尚在襁褓，养家糊口的重担几乎全部压在丁飞身上。

他很快通过面试，加入了长江证券公司武汉友谊大道准分公司。长江证券公司是湖北本地的证券公司，根基深厚，当时国内新三板项目前景大好，是券商的业务重点之一，也是丁飞在长江证券公司最初参与的业务重点。后来随着国家的金融资产风向的变动，丁飞一直在尝试新的业务，包括新三板、股票质押、债券、IPO 等，从市场前端发现项目，进行一系列的分析、尽调等工作之后，再上交给总部承做。

有两个项目让丁飞印象非常深刻。第一是凌钢股份股票质押项目，从最初接触这个项目，到去融资人员处尽调，再到后来的过会，都遇到很多困难。那是 2016 年的夏天，武汉天气异常，持续暴雨，机场积水，出行既困难又危险，但客户的要求又摆在眼前。丁飞和他的团队不敢耽误时间，便在机场一直候着，终于等来了飞往深圳的航班。"这真是冒着生命危险在做项目啊！"丁飞感慨道。项目过会时，委员老师提出了很多意见，不停追加项目资料，丁飞和同事们与委员老师进行了深度沟通，以精益求精、锲而不舍的精神，顺利完成了这个项目。第二个项目是关于民营上市公司控股股东发行私募可交债的，丁飞等人根据客户的要求做出了七八份报告，不断根据客户的需求进行调整、优化，熬了一个又一个夜，整个项目团队为此作了很大努力，但因为其他原因，这个项目没有成功。尽管遗憾，丁飞依然有所收获，他完成了自己当时最满意的作品，也让客户方看到了长江证券公司的专业能力。

2018 年 6 月份，丁飞向公司递出了辞呈，离开奋斗了两年的岗位，丁飞想趁这个机会，进一步提高自己的专业能力，一口气通过 CPA 剩下的会计和审计这两个科目。丁飞说，对于法大的师弟师妹们来讲，审计、会计、财管等科目是弱项，一定要多听课勤做题。经过这么长时间的努力，丁飞当初在财务方面的短板也有所弥补。"如果当时工作时我已经积累了现在的财务知识，我一定会把工作做得更好一些"。他说。

关于未来的职业规划，丁飞有条不紊、一一道来。一个方向是朝着董秘、证券事务代表发展，另一个方向是想继续自己的老本行——做投资分析，成为更加职业、专业的人才。但丁飞更倾向于在私募股权投资机构做一个投资经理，因为他从制

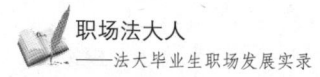
造业出身，对金融有一定认识，在法律和财务方面也有一定的专业经验。"目标和规划越来越清晰，我现在要做的，就是奔着目标去提高自己，把自己变得越来越完善。"

丁飞希望师弟师妹们能在毕业之后选择做自己擅长的、可以做好的事情，不需要跟其他人比较，要根据自己的具体情况选择最适合自己的事业。第一份工作会最大程度地影响你的职业生涯和职业习惯，所以清晰的职业规划的形成宜早不宜迟。"如果我当初的职业规划比较清晰，我可能会做得比现在更好一些，更轻松一些，少走一些弯路。"丁飞说。

其次，丁飞还语重心长地提醒我们，不论在哪个岗位，都要对自己的成果负责，"治之已精，而益求其精也"，要拿出精益求精的工匠精神，像完成一件艺术品一样完成自己的每一项工作。广西玉柴集团是纯国资企业，或许国内存在一些误解，认为国企相对来说会比私企清闲，但丁飞在玉柴集团的工作强度和工作质量要求丝毫不低于大多数的民营企业。国企和私企没有绝对的好坏、优劣之分，但重要的是，尽可能地选择平台规范、规模较大、知名度较高的企业，这会对职业习惯和职业理念的养成起到事半功倍的作用。

在工作时，丁飞拿出最饱满的状态对待每一个项目，工作之余，他依然不断学习提高自己的专业能力。他不断强调，师弟师妹们作为学生，学习就是我们的主业，我们正处于人生中学习能力最强、学习时间最充裕的阶段，一定要抓住这个机会，增强自己的本领，才能在毕业之后胸有成竹地走上岗位。

（文／王静）

资产管理面面观

——访中意资产管理有限责任公司李超田

【人物简介】李超田，男，中国政法大学国际法学院 2008 届本科生，后留校保研，研究方向为国际经济法。2011 年进入中国人民财产保险股份有限公司总公司法律部，现就职于中意资产管理有限责任公司。

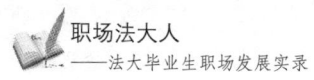

工作经历

李超田在法大有七年的学习经历：本科就读于法大国际法学院，后在法大留校保研。"留校保研是两个概念，一个是留校，一个是保研。我在本科正式毕业之前，就已经在学生处工作了。我在学生处的时候是在资助管理中心工作，主要是负责学生奖助学金的评选。学生勤工助学中心和自强社两个社团的辅导工作也由我负责，作为社团的辅导老师，在学生处工作的时候也会负责每年感动法大活动的组织工作。"李超田简单分享了自己在法大时的经历。研究生毕业之后，李超田进入了中国人民财产保险股份有限公司，担任业务主管一职。这个工作的职责主要有两方面：一方面是产品开发，保险产品在消费者面前是以条款形式的合同呈现的，产品开发便需要负责编辑格式化的合同；另一方面是诉讼处理，保险公司每年要面临大量的诉讼案件，这些都会进行分层级监管。"因为我在总公司，人保财险有38个省级分公司，对于诉讼标的在3000万人民币以下的案件由省级公司处理，对于诉讼标的在3000万元人民币以上的案件会由总公司法律部参与处理，我就会参加这类案件的诉讼。"李超田说。2016年4月李超田离开中国人保，进入中意资产管理有限责任公司。"这个公司是中石油集团和意大利忠利集团合资的，它主要是负责保险资金的投资运用，包括了股票债券市场和非标准化债权市场的业务，以及股权的投资。"李超田介绍道。他在中意资产的职务是风控合规部的副总经理，主要职责是负责投行业务的产品的开发和资本市场业务投资的合规的审核。"因为所有金融产品的交易要素都最终体现为一份合同，这份合同里边会涉及一些内容，一方面监管不允许你这么做，这就是合规条款；另一方面，如果监管允许你这么做，你的权利义务是怎么安排的，这就是法律条款。"李超田如是说道。

行业状况

李超田提到近年行业变化较大，"今年行业的变化主要是受监管政策的影响比较大，金融监管的政策趋严，所以这会影响我们在一些产品交易结构的设计，一些产品发行方面会受到影响。此外，中国股票市场近来连续走低，对于我们持仓股票的收益影响也是挺大的。"李超田同时对行业的未来前景充满信心，"大资管行业包括了券商、信托、银行和保险，保险资管的行业年龄相对来说是比较年轻的，且非常有活力。保险行业这几年的发展非常迅速，人们对保险的理念也在变化，在目前的情况下，从各家保险公司的保费收入来说，规模还是不错的，这么大量的钱都需要我们这类的公司去进行投资的管理，所以我们在整个资管行业里有较大的资金优势，未来发展前景应该还是不错的。"

法大回忆

"我对政法的感触还是很深的，"李超田说，"一方面，法大的学习环境、学习氛围相对来说还是比较宽松的。所以对于学生而言，好学的学生会逐步养成自主学习、主动学习的习惯。在法大，绝大多数的课程都可以由学生自主选择任课教师，去听不同老师的课程，也可以让学生多接触、多了解和多学习。另一方面，法大好学的氛围很强。我们那时候上课和自习都要去占座的。我有的时候想去偷个懒，一回宿舍发现宿舍没有人，都去上自习了。我们那时候学习氛围还真是挺好的，所以我也会去上自习。哪怕我看书的效率很低，或者我看别的书，那也

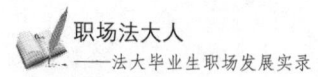
是在静心的一个过程吧。第三方面，我觉得社团活动还是要参加的，可以锻炼跟人打交道和处理事物的能力，我觉得在这方面的培养还是挺有必要的。其实你去参加什么样的社团不重要，关键在于在这个社团里边你有没有学到东西。"

寄语同学

"早起的鸟儿有虫吃，我特别希望师弟师妹到能够在学习阶段就去思考未来从事什么职业，提前做好规划。至少要在学校的时候就有一个未来工作方面的概念，而不是稀里糊涂地说我做什么都可以。"李超田对同学们提出了一些自己的建议，"在这个前提下，在学校的时候，尤其是在研究生阶段多去实习。咱们学校的学生找实习是很容易的，但是不要浪费时间。反正就是多体验，除了学习之外多体验、多去看看世界，看看喜欢什么样的工作，看看想象的和你实际体验的是否一样？只有自己亲身体验，才能知道最喜欢什么。"

（文/陈睿哲）

无问西东　追寻金融理想之路

——访普华永道会计师事务所刘奥伦

【人物简介】刘奥伦，男，中国政法大学 2008 届商学院毕业生，自 2008 年就职于普华永道中天会计师事务所北京分所，现任审计组高级经理一职。

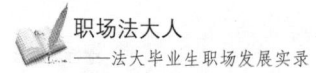
自 2008 年走出法大校园，在国贸 CBD 工作已近十年，现于全球四大会计师事务所之一的普华永道任高级经理的刘奥伦，在鳞次栉比的高楼大厦中周旋于互联网金融繁琐事务一整周后，还会经常抽空在周末的时候返回昌平，见一见校园好友，走一走宪法大道，尝一尝蜀园菜肴。他回顾自己的职业生涯，中肯地告诉记者，昌平世外桃源般的清净固然适宜，但同学们在就业方面还是得提早走进城里参加实习才好。

法大的经历

刘奥伦 2008 年毕业于中国政法大学商学院国际商务专业。他坦言自己原本就想要学习商科，高考填报志愿时在各种财经类学校中选择了法大，是因为只有法大开设了"国际商务"专业，能让自己在学习商科时也能拥有国际化的视野。大学的时候在商学院学生会从部员做起，坚持待了三年。学生会的经历不仅让他学习到为人处世的技巧，也结识了法大校园里在各个领域表现优秀的同学。身边有获得辩论队最佳辩手的好友、毕业成功拿下"四大"Offer 的前辈、也有学习成绩优异保研的同窗，这些人的经历给他带来观念上的冲击，也使他反思自己将来的职业规划。他说："大学的时候大部分同学觉得待在学校里，把社团的事情做好，把学习搞上去，谈谈恋爱，平时有空聊聊天喝喝酒就很不错了。然后大四要么考司考要么考研，最后去体制内工作，但这不是我想要的。"

大三实习，很多同学接受学校分配去了学校周边的岗位实习，他则自己找到了一份招商银行的实习工作，但是这份实习并没有给他带来想象中的收获。在职业道路的抉择中，没想到他热衷的电影给了他诸多启示。观影亦有所思的刘奥伦，在欣赏过《肖申克的救赎》《辛德勒的名单》后发现，主人公都依靠自己的会计技能摆脱困境甚至帮助到了他人。他想，既然会计师在各种处境中都能发挥其用，成为一名会计师未尝不是一个好的选择。同时，进入市区实习，让他了解到北京大学、人民大学、中央财经大学等同届的学生，很多从大二就开始自己的实习生涯了，他们通常成群结队地去申请"四大"的实习网申，即使初次失败，只要坚持申请，大部分都能在大学四年内进入四大完成实习。能进入四大会计师事务所（普华永道、毕马威、安永、德勤）实习是许多商科学子梦寐以求的事情，但刘奥伦认为成功的人也许就是仅仅因为及时了解到网申时间及相关信息的优势，而身处昌平的法大学子常常会因为信息的闭塞而遗憾丧失很多机会。"我也是在身边的人真的去到'四大'之后，第一次觉得'四大'没有那么遥远。"刘奥伦说。也因此，刘奥伦也开始在大四上学期抓住机会，投递简历，着手申请，最后经过笔试面试，成功进入普华永道。"记得当时拿下普华永道的 Offer，还有学校的记者来采访我呢。其实这在市区的学校里是大部分人都有的普通经历。"刘奥伦笑着说。

进入"四大"

刘奥伦对法大师弟师妹的就业建议是，提早做打算，勇于尝试。他表示现在四大会计师事务所都在扩招，非常欢迎大二、大三的学生加入实习。他从面试官的角度透露了一些面试筛选的倾向：面试官其实都是各个组做实事的前辈，即使本科专业并非商科类也无妨，面试最看中的并不是面试者有多高的财务技能，而是要看中有团队协作能力、做事认真细致、英文基础好这些特质。现在普遍的无领导小组面试，即群面，就是把所有面试者分两个组，每个组分六七个人，每个人做演讲展示，讲自己的观点，这时面试官比较喜欢注重团队合作分工而非太

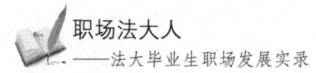
过强势的面试者。相比太过强势地想要强行表现自己最终却不利于团队分工的人，面试官更倾向于接纳如为团队在任务进行过程中提示时间、在做展示的最后主动完成信息汇总这样更关注团队整体利益的人。当然，除了团队合作这一点，在展示自己分析的案例时，能够做到承上启下、富有逻辑、英文口语表达流畅清晰也是加分项。

许多人的眼中，进入四大会计师事务所就是开始一场腥风血雨的战斗。但在刘奥伦看来，进入四大就好像进入一所学校，从一年级踏实做起，首先完成上级交给的任务，认真不出错，慢慢积累经验，成长为高年级即可，是一个顺其自然的过程。他用义务教育比喻普华永道的职位情况："staff 阶段就像小学五年，分为低年级和高年级，低年级做两年 associate，三年 senior associate。五年结束就升初中，度过 manager 三年经历，就可升入高中成为 senior manager。高中阶段升得比较快读三四年，慢的七八年也有。过了这个阶段就是合伙人了。"至于被称作"小黑会"的四大员工考察机制，其实也并没有那么可怕，是每年 manager 层给 staff 层的员工打分，决定后者等级的会议。会议将给出一到五分的评级，一分最好，二分次之，三分最普通，四分表示留级，五分即劝退。极少数人会得四分五分，因此该评级实际上仅仅决定了工资的涨幅情况，被动退出公司的情况极为少见。

刘奥伦认为自己在普华永道的职业生涯走得比较顺利。他一直在普华永道的审计部门高科技组就职。审计部门是普华永道三个部门（审计部门、咨询部门和税务部门）中业务拓展最广的部门，分为能源组、快销组、高科技组和金融组。他所在的高科技组客户群体非常广，"手机 APP 所见的大部分公司都是普华永道的客户。ATJ（互联网三巨头阿里、腾讯、京东）都是我们的客户。传统门户网站，如新浪、网易、搜狐是我们的客户，新兴行业的独角兽们，如小米、滴滴、映客等互联网金融公司也都是我们的客户。可以说 TNT 行业（电信、媒体和科技）大部分公司都同我们合作。"刘奥伦介绍说。他一直跟进新浪和新浪微博两个项目，项目的稳定让他能够更融洽地处理人际关系，同时更有效率地完成工作。在普华永道辛勤工作的时间里，他热爱并付出诸多精力的两个项目，终于先后在美国纳斯达克证券交易市场成功上市。

耀眼的工作成就背后，同样也伴随着巨大的工作量和司空见惯的加班。刘奥伦对此却并不以为然："一开始决定进入四大就已经做好思想准备了。人的精力是有限的，工作与生活是一件很难平衡的事情。但是并非时刻让人无法喘气，忙碌的时间是周期性的，公司通常在做 IPO（上市）项目时比较忙碌，8、9、10 月份是淡季，大家会统一放考试假，利用这段时间来完成 CPA（中国注册会计师）考试。"当前四大会计师事务所的员工向外流动的趋势愈发增强，而刘奥伦选择继续留在普华永道完成他的"高中学业"。他提道，流动性强要归因于 TMT 行业的持续景气。他举例说道："我们这一届高科技组，进来的时候有 100 多个人，现在就只剩两三个人。大部分人待四五年就出去了，去向一般是去做企业财务、投行或是创投。"一部分人去还没有上市的公司里做财务，是考虑到公司上市之后能得到一部分股份和期权，从而完成自己的财富积累。还有一部分人抱着踏足金融圈最上层的想法跳槽去投行，如高盛、摩根斯坦利等公司，虽然更辛苦一些，但收获更大。最后一部分选择去这两年最火热的创投行业，如红杉资本、IDG（美国国际数据集团）等 VC/PE（风险投资或私募基金）公司，为这些公司做投后管理，监督接受投资公司的财务情况审计，或者从财务转向业务

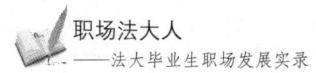
行业，负责管理创投公司投资事项，如新浪现在的董事长曹国伟、阿里巴巴的CEO张勇都曾经在普华永道任职。刘奥伦对自己职业生涯的下一步规划，是在成为合伙人之后，考虑去企业担任CFO（首席财务运营官）。

对法学生的建议

刘奥伦在做IPO项目时，也常常接触到做IPO非诉业务的律师。他说："IPO项目需要三拨人，投行从业者、会计师和律师，投行就是摩根斯坦利、高盛等公司，会计师主要是我们这四大事务所，律师事务所就主要是世达、谢尔曼等国际律师事务所。"三者的分工是会计师负责财务数据，律师事务所负责法律问题，如审查企业VIE架构、红筹架构的合规性，投行则主要负责最终上市公司股份的发行和销售。他在与这些律所的律师交流的过程中了解到，大部分律师在北大或人大获得法学学士后前往国外念LLM学位，随后顺利进入金融类外所，这类律师在拥有五六年实务经验后，收入也十分可观。除了公检法机关和诉讼律师，进入金融类业务的外所承办非诉业务，不啻为有志于从事金融法事业的法大法学生的一条收入颇丰的职业道路。

现在还喜欢看电影的刘奥伦，觉得《后来的我们》里面男主林见清刚毕业的经历像极了自己，挤多人合住的小隔间、犹豫打车还是坐公交。但记者觉得二者最相像的地方在于，他们都坚持了自己最初的志向，初心未改，过关斩将，拾路笃行，终于在北漂大军里脱颖而出。从法大到"四大"，刘奥伦非常坚定地走着自己追寻金融梦想的道路。早做计划、勇于尝试、踏实敬业，是刘奥伦的职业经历凝练给我们的启示。

（文/苏小雅）

 律所篇

律所主任炼成记

——访北京盛冲律师事务所盛冲

【人物简介】盛冲，女，1980 年出生于河南南阳，2007 年 6 月毕业于中国政法大学，获法学硕士学位；2015 年创办北京盛冲律师事务所。她从法学生成功转型为律师事务所主任，并在执业十年中成功代理了多起争议标的额大、法律关系复杂、具有较大社会影响的诉讼案件，且担任多家大型企业法律顾问。

七年法大学生

盛冲律师自 1999 年起本科、硕士均就读于中国政法大学。2005 年，她在当年司法考试通过率不到 10% 的情况下，以超出分数线 52 分的高分成为班级的状元，412 分的总成绩在整个法大也位于前十之列。说起那个放弃了回家，专心准备司考的暑假，盛冲谈笑间并不觉有什么压力。她积极参加学校在法大礼堂开设的司考课，也参加了"万国司考"的试听课程，又在课后自己摸清背熟每一个考点。扎实的付出和持久的努力，磨炼了她的意志，也让她在最终收获了理想的成绩。

提起在法大的求学经历，她诚恳地说自己平时不是传统认为的"学霸"，排名之类并没有特别耀眼之处。但她的履历足以证明其优秀：她在中国政法大学研究生院期间攻读刑法，师从我校于志刚教授。说起那段经历，盛冲略带不好意思地笑道，列于名师门下，于老师要求非常严格，自己也丝毫不敢偷懒。当时的研究生分 24 个班，会根据外语水平等标准分出快慢。盛冲想不到自己竟然分到了慢班，不过短暂的懊恼后她很快调整心态，投入对自己的提升中：除了完成规定的学业，她抓紧时间刻苦学习英语。仅仅半年后，她的进步就让同学们大为震惊——盛冲以极佳的表现，获得了免修免考的资格。辛苦从来不会白费，小月河畔三年刻苦的学习，为她今后的事业打下了坚实的基础。

毕业之后，盛冲从来没有忘记母校的培养，在发展事业时始终不忘与母校的互动：她担任主任的盛冲律师事务所，独家全程赞助中国政法大学研究生会 2015 年至 2016 年"法治中国"系列论坛。她不仅从经费上支持研院的学术活动，更亲自出席论坛参与其中。对学校的本科生，她也投以很大的关注和关心。

对有志于从事律师职业的师弟师妹，盛冲从来不吝分享从业心得，并且乐于解答他们的疑问。2017 年 4 月 19 日下午，盛冲律所正式挂上"中国政法大学就业实习基地"的牌匾，成为法大学生又一处就业实践的有力合作伙伴。法大 65 周年校庆之时，她对母校的祝福还入选校报和官微，体现了浓浓的赤子之心。

从助理到主任

虽然现在已经是一名成功的律师，但在研究生毕业之初，盛冲的职业目标并不在此。带着中国政法大学刑法学研究生的学历证书，她尝试进入公检法等机关。前后奔波数月，她没有如愿通过层层考试进入公职人员的行列，但这只是求职中常见的不顺——她很快把注意力投入到律师行业，后来的实践也证明了她的眼力和魄力。

进入律师行业的盛冲，有着丰富的体会。她在京都律师事务所开始了第一段职业生涯，通过处理琐碎而细致的事务掌握了成为一名律师的基本技能。后来她也在问天所、景运所等不同规模与主攻方向的律所工作，一点点提高自己的职业技能和素质。遇到发展瓶颈后她每每权衡利弊，在留下和换一家律所之间作出果断的抉择。将近十年的时间，她从助理律师做起，慢慢成长了起来。

家庭稳定幸福没什么后顾之忧的她，积累了足够的经验后，逐渐萌生了开一家个人独资律所的想法。这一次，她依然得到了家人坚定的支持。在历时半年多的筹划和准备后，其担任主任的"北京盛冲律师事务所"于 2015 年 8 月 26 日在北京市海淀区马甸东路 19 号金澳国际公寓正式成立。这个迄今成立三年有余的事务所，已发展为一家中型律所，拥有 13 名律师和助理律师。这离不开员工们的付出，更离不开盛冲在其中的努力。

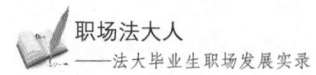
亲身走进盛冲律师事务所的人，大概都会注意到悬挂在墙上的好几幅锦旗。火红的旗帜表达了当事人对律师真诚的谢意。想来能够让当事人心悦诚服的，不仅仅是过硬的法律基本功。盛冲主任在接受采访时，大方同记者分享了其中一幅印着"尽责敬业，律师典范；扬善抑恶，正义使者"字样锦旗的故事。

案件中的当事人系养子，在养母过世、养父患上老年痴呆症后，依然尽心尽力地赡养养父。养父的亲外甥某年来京，哄骗老人签下身后赠与房屋的遗书，还录制了一段视频作为"证据"。在情况非常不利于当事人的情况下，盛冲通过寻找逻辑破绽、多方联系鉴定机构，以老人缺乏完全行为能力鉴定排除了对方遗书的有效性，又以母带的不完整性排除了视频的有效性，凭着扎实的法学功力和不怕辛苦的精神扭转了形势。这场官司前后打了将近十年，盛冲笑称"后期接手的法官对案卷的熟悉程度还不如我。"真相大白后，当事人为表感激，专程制作了锦旗送到盛冲所。

像这样难啃的硬骨头，盛冲遇到不少；平时她也是接连不断给当事人解决各种问题。工作几乎是全天候，可能深夜十一点都会接到咨询电话；所里正常晚上八点前也是灯火通明，节假日无休。如今的盛冲律师事务所，业务范围囊括了公司法律顾问、婚姻继承、刑事辩护、新三板业务、不良资产处置、私募基金等，拥有相对稳定的客户群体和潜在客源，也通过"法观天下""基金律师"等公众号进行日常的宣传；除了承接案子维持运转，盛冲所还承办了大型公益诉讼，如帮助河北省保定蠡县66名农村电工办理劳动争议纠纷案。一周年所庆的时候，她还带着律所的工作人员开办公益普法活动，回馈社会大众的信任和支持。可以说，盛冲主任带领她的律所，在踏实的工作中稳步前进。

主任对你说

从一名优秀的法大学子，到一名优秀的法律工作者，盛冲回顾将近十年的经历，始终带着自信的微笑。"看似寻常最奇崛，成如容易却艰辛"，律所主任的炼成之路，浸透了她的汗水。

除了在法大求学时认真学习，走上工作岗位的盛冲也时时不忘给自己充电。回研院蹭课、听讲座，参加各类培训，邀请专家到所里讲授最新知识，难得的空闲时间她基本都安排得满满的。如盛冲所说，社会进步很快，法学又是一门与社会紧密相连的学问，为了给客户提供优质的服务，为了保证律所的口碑和满意度，她必须紧跟行业的发展。

对律所而言，案源可以说是生存的基石。盛冲律师事务所的案源，部分来自于过去工作中积累的客户，部分则是法大校友群体的帮忙。老同学们大多从事法律相关的工作，遇到专业问题会一起讨论，也为对方介绍自己的朋友，在各种各样的社会活动中成为彼此事业积极的帮手。盛冲直言，法大给予她的不仅仅是法学知识与法学思维，更有浓厚的校友情谊和长久的法大情怀。踏入律师行业，有师兄师姐进行点拨，与公检法打交道也不会非常费劲。记者看来，盛冲的亲身经历大致可以分成两块：在学校里，向老师们学习理论知识，夯实基本功；步入社会，律师行业对从业者的实践能力（语言表达、逻辑思维甚至吃苦耐劳）和综合素质（敬业和专业）提出了更高要求，彼时多多向前辈们请教会受益匪浅。

虽然法律服务潜力巨大，律所发展也是蒸蒸日上，但盛冲依然保持着清醒。作为主任，她对现实的认识更为全面客观。比如，在人才引进上，市场严格管控从业律师户口，使她在引

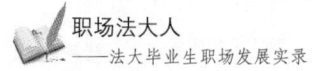
进京外法学生到所里就业时需要付出更大的成本；选择律所地址时，她得关注最新的房地产信息，一旦国家收紧对公寓楼使用的政策，她即将支付更多的购房费用。但这些都不会阻挡盛冲前进的脚步，如她所言，"从业十年，好的心态已经练出来了"，这是她在庭上从容自信维护当事人利益的法宝，是接到紧急任务处变不惊的定海神针，也是笑对种种压力的利器。她已经规划着，在未来的三年，争取开办盛冲律师事务所的分所；在未来八年左右，培养出合伙人，进而与国外的律师事务所展开合作。定下了"小目标"，接下来的工作就是一步步去落实。

十年前的法大学生，如今成熟干练的主任，走在律师道路上的盛冲愈发自信从容。记者也衷心祝愿这位优秀的法大校友在未来的职业生涯中实现一个个"小目标"，在一桩桩案件中实现个人价值，体现法大精神。

（文/刘婧星）

律政人生　且歌且行

——访金杜律师事务所何芬

【人物简介】何芬，女，中国政法大学法学院 2009 届本科生。她在法大就读期间曾赴武汉大学学习交流。毕业后何芬在柯杰律师事务所工作后转入金杜律师事务所，现在是一名非诉律师。工作中的何芬对手头的业务勤勤恳恳、精雕细琢，在每一天的点滴努力中完善着自我的价值，工作之外的她喜欢徒步旅行，北京市里郊外大太小小的美景都留下了她的足迹。"从事脑力劳动太多，身体就要找出活动的方式去与它平衡。"这是何芬找到的调节情绪以更好应对工作和生活的妙招。

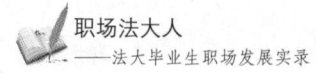

"律"野仙踪——自由灵魂的最好去处

何芬工作的金杜律师事务所位于一座写字楼的 40 层，离写字楼最近的地铁站叫作"金台夕照"，很有古意的名字。下了地铁站，初春还有些料峭的微风吹来。仿佛是要与这份古意遥遥相应，采访当时正是傍晚，夕阳暖暖的照着，透过棱镜折射出七彩斑斓的光。站在落地窗前往下看，下午六点多的楼前车辆仍是来来往往，人流如织。晚霞渐渐如火烧，不久又被四合的暮色一点一点浇灭。过了一会儿，整个街道仿佛都安静下来。

何芬是湖北人，瘦削的脸上挂着美好而热情的笑容，给人那种很典型的文科学霸的感觉。从一天的疲累中抽离出来，她没顾得上喝一杯水，双肘轻轻支在玻璃圆桌上，娓娓道来自己的经历和感受，目光和缓而坚定。

做非诉律师是对自己来说是比较好的选择，一个团队一起工作，人际关系也没有那么复杂，而且工作也是不断学习不断提升自己的一个过程。在律师这个行业领域，"天高任鸟飞"，能最大限度地实现自己的价值。

刚入行时，作为刚刚毕业的学生在工作上遇到困难的情形，她至今还历历在目。法学学生在学校里学习的大都是民法、商法这样的总括性的、理论性很强的法律，而现实生活中，特别是处理很多非诉案件时，要接触到太多太多的行业标准、部门和行业规章等非常具体、有针对性的规定，一开始接触的时候完全是一头雾水，不知从何处下手。不过好在团队里有经验丰富的前辈，他们都很愿意给新人提供帮助。"工作上遇到难题就去问，千万别想着可以凭自己琢磨清楚所有的问题。大家都很热情的，愿意帮忙。而且很多知识都是'一劳永逸'的，弄清楚一个规则怎么适用之后，以后再遇到类似问题就可以得心应手了。"所以，阅历和知识的积累很重要，随着处理案件的数量增多，解决问题的能力是在一点一点提升的。何芬笑言对律师来说一个好身体是必不可少的，总是会有突如其来的事情让你不得不加班，不得不熬夜。"时间不太可控啊，所以好多计划好的出行都被搁置了。"她说这话时皱了皱眉，但眼中仍是盈盈的笑容。

既然工作压力这么大，每天保持清醒的头脑才有满意的工作效率。何芬最喜欢的减压方式就是户外徒步旅行，在偌大的北京城，约到几个喜欢爬山看水的同好是很容易的。陌生人因为共同的爱好聚集在一起，从萍水相逢到熟悉，是一件令人充满期待的事情。近距离地接触大自然，倾听鸟鸣，细嗅花香，身心都不受束缚，暂时从那个喧嚣的世界逃离出来一会儿，再回到日常冗事中时又是精力充沛了。

做律师这行，除了平时要注意专业领域的技艺提高，还要时常更新自己的头脑，关注新形势新动态，养成随时充电的习惯。比如当下大数据时代的 AI 动向，就是律师需要去了解的。"不知道会不会用得上，但总是要紧跟动向心里才会比较踏实，其实这个学习的过程本身也是很开心的。"何芬说。

似水流年——小月河畔的四年韶光

回忆起大学生活，何芬还是感慨万千。时间飞逝，毕业已经快十年了。她坦言四年还是有很多遗憾，好多梦想没有抓住机会去实现。可能当时没有意识到这些，当局者迷，多年以后回忆起才觉得是这样。因为律师的时间不可控，喜欢旅行的她找不到完整的大块时间去自己想去的地方。年轻的时候趁着还有宝贵的时间和热情，多尝试新的东西，突破自己，是她给师弟师妹们的建议。

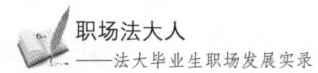

高中的时候何芬的英语成绩非常好，高考填报志愿时，除了英语，她还没有特别想报的专业。但是班主任老师的一番建议让她改变了想法。"老师当时就说，英语作为一门工具来辅助所学专业或许会更好。这样学到的东西接触的领域也更多元一些。"对未来还朦朦胧胧的何芬被说服了，于是选择了大多数人看来比较实用的法学作为自己的专业。

大学期间，何芬加入了学生会的部门，她很享受和工作伙伴们一起办活动，一起玩耍的时光。如果说大学阶段收获最多的是什么，大概就是和同学们真挚的感情以及社团工作中获得的组织协调能力。"可能那会儿比较放飞自我，在大学里算不上一个学霸，但是成绩优秀的同学毕业之后踏入职场，学习能力强，处理具体问题时也会比较有优势。"

和其他同学一样，何芬也是很多老师的"小迷妹"。搬着小凳子去挤满了人的阶梯教室听李建伟老师的民法课。现在她接触很多金融方面的法律实务，很大一部分就来自于当年对民法的热爱。

刑法老师罗翔也是她很喜欢的老师，一开始何芬并不怎么喜欢刑法，总觉得要接触一些社会上的阴暗面，这对涉世未深的大学生来说确实是需要克服的一个心理障碍。但是后来，跟着罗翔老师学刑法的何芬发现了刑法的乐趣，分析案例是一个很有逻辑的很理性的过程，而且罗老师能把案件事实和刑法理论用很有趣的方式表达出来，让人印象深刻。

所有感慨万千都离不开那四个字"少年意气"，在法大交到的真挚的朋友、遇到的为自己点亮前路的老师，以及为社团和学习疯狂刷过的夜和一腔热血，都成了何芬四年时光美好的回忆。

小 Tips——师弟师妹们应该知道的

提到接下来的规划，何芬说可能会考虑继续在律师这条路上发展，但是还不确定。因为成为合伙人后不仅要寻找案源还要埋头处理具体的案子，意味着要承担更大的责任、承受双重的压力。在发展事业之前，她可能更多地会考虑组建家庭，因为家庭是一个人的后盾和依靠。

何芬说，她这些年最深的体悟是：处于人生的某个阶段，就要认真去做这个阶段应该做的事，时过境迁，若提前或者拖到以后，事情很可能会失去它应有的样子。比如，上大学的时候在学业方面并没有很用功，现在虽然为了工作还要每天去学习新的规章、新的解决法律问题的技巧，但确实很难静下心来去看一本学术著作了，对更深的理论也没有学生时代的那种求知欲。进入社会后，也很难享受学生时代那种不顾一切、更真挚和纯粹的感情。还有那个时候有很多梦想很多向往的地方，现在却因为时间和精力有限无法一一实现。

在工作的选择上，大学期间要多尝试多实践，然后才知道自己想做什么，并制定相应的目标。她提到大学班里的一位成绩非常优秀的同学，很早就定好目标要去做投行，于是沿着制定的规划自学了会计，考了注册会计师的证书，一步一步有条不紊，最终在投行领域大放异彩。如果想从事律师或者法官等专业相关的工作的话，何芬提到，跟随着同龄人的脚步走，在他们之中保持一个比较靠前的位置（比如前百分之几十），能进入法大的同学，人和人的智商和情商没有相差太多，做事情的态度可以决定大部分事情的结果，所以认真做好每个阶段的事，结果就不会太差。从这个意义上讲，现在完全不必太过焦虑。

对于未来想从事律师行业的师弟师妹，何芬给出了一些建

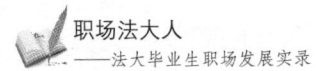
议：平时坚持锻炼身体，因为做律师有时需要加班熬夜，对体力要求还是很高的。还有就是要尽量培养开朗和踏实做事的性格，因为律所是一个团队，需要大家齐心协力完成目标，也需要在关键时刻有人能出来做事、承担责任。刚进入律所时，向前辈多学习请教也是至关重要的，因为律师是依靠经验的职业，历练越久处理问题就越得心应手；另一方面社会关系纷繁复杂，案卷和法条等也是卷帙浩繁，没有头绪地摸索是会走很多弯路的，也不利于入职初期自信心的确立。第三点是再怎么忙碌，也要平衡好工作和生活。

具体来说，非诉律师与诉讼律师不同，不提供法庭辩论的服务，多相当于法律顾问的角色。很多非诉业务处理起来要更辛苦些，时间常常被邮件、电话、微信捆绑，对身体和心理素质有一定要求。另外，非诉律师也要求细致、耐心，涉及上市公司的项目需要耐心细致地梳理、汇总，抽丝剥茧地发现问题，然后提出解决方案，形成书面法律意见，几乎是所有非诉业务的标准流程。要静下心来去分析问题，不然就容易出错。逻辑不严谨的论证、表达模糊的用语都会影响到委托人的委托事项，也不利于律所的发展。所以如果大家想选择非诉律师作为自己的职业，要综合考虑自身优势和劣势进行选择。何芬提到，做律师要有持续学习、持续研究的能力。最后，非诉律师还要有较高的情商，能够更好地与当事人沟通，在对外谈判中能够察言观色，站在对方的角度思考问题，有效解决问题，充分维护自己客户的合法权益。做非诉律师还给何芬本人带来了能力提升，这些能力不仅应用于工作，也可以应用于工作之外处理生活事务。所以法大的同学们想要从事这个行业，害怕在刚入职时措手不及的话，可以从现在开始有计划地培养自己的这些能力。

　　与何芬师姐一同走出办公楼时，月亮已经高悬在灰幕一样的夜空中。喧闹了一天的北京城在这个时候褪去华装，在万家灯火的摇曳中归于宁静。有无数个像何芬一样毕业于法大的法律人，如今在法官、律师、法律顾问等岗位上，仍牢记着步入大学校门时的誓言"挥法律之利剑，持正义之天平"，在维护社会公平正义、为法治事业作贡献的同时也实现着个人的人生价值。

（文/田书伦）

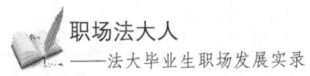
能言善辩忠于法　唇枪舌剑为正义

——访北京炜衡律师事务所彭逸轩

【人物简介】彭逸轩，男，中国政法大学法律硕士专业2004级毕业生。北京市炜衡律师事务所高级合伙人，北京市律师协会刑事诉讼法委员会副主任，北京公益法律促进会理事，湛江仲裁委仲裁员，炜衡职务犯罪研究中心副主任兼秘书长、刑事业务部主任。

　　下午两点，炜衡律师事务所忙碌而有序的待客大厅里，幽静的水池中鲤鱼游动，记者初次见到了彭逸轩律师。年轻有为，已然成为高级合伙人的彭逸轩律师，脸庞刚毅，目光有神，声音洪亮，待人接物却没有丝毫戾气，反而散发着真诚谦逊、温润如玉的翩翩风度。

　　在刑事辩护领域卓有建树的彭逸轩律师，聊起自己当年进入律师行业并从事刑事领域的经历，却出人意料地表示很大程度上是出于机缘巧合。彭逸轩毕业于法大法律硕士专业2004届，由于本科专业为汉语言文学，研究生期间选择了知识产权著作权作为自己的研究方向。就毕业时职业的选择，彭逸轩谈到2007年自己毕业的时候，大部分同学还是把公务员作为自己的就业方向，由于当时就业观念普遍不看好律师行业，因此直接选择进入律师行业的毕业生较少，在这种就业环境下，自己也曾经感到迷茫，然而出于自己选择学习法律的初心——成为一名律师，最终选择了从事律师行业，并且一干就是十一个年头。而选择刑辩领域作为自己律师职业的方向，彭逸轩告诉记者，一部分原因是受到自己的前辈兼师父——中国著名刑辩律师李肖霖律师的影响，从而接触到大量的刑事案件，为自己的职业选择奠定了前期的基础；另一部分原因是出于在刑事案件的代理工作中，逐渐发现刑事辩护领域存在很多值得挖掘、值得去改善的地方，对于刑事辩护领域的兴趣与爱好坚定了自己的职业选择。

　　对于进入律师这个职业，彭逸轩回顾自身经历提到，一名法学毕业生要决定从事律师行业时，不仅要在平时的学习中打下坚实法学基础，在律所求职时要有针对性地投简历（简历最好附上照片让面试者加深对自己的印象），同时更要积极表现自己、努力争取，最好有所特长（如实践活动、模拟法庭、写作、演讲、踢足球等）为自己加分，最后就要下定工作初期吃苦的决心。这是因为，成为一名合格的律师，必然经历三个阶段：实习阶段、律师助理阶段以及独立从业阶段，其中的前两个阶段，律师岗位与同期的公务员或公司法务岗位相比，更加充满风险和挑战。尤其是刑事辩护的领域，相较民事或商事领域所获得的经济效益也许更小，这需要初出茅庐的新人律师在获得自身价值的同时，保有兼济天下实现社会价值的宽广情怀，以及一份直面社会阴暗面但摧而愈坚的坚持及勇气。正如霍姆斯大法官在为法学院所作的演讲《男孩想要的东西》中所言，"法律所需要的男孩必须是一个自身一直强烈地渴望某种东西并且可以持之以恒的人。"

回顾十一年的律师执业生涯，彭逸轩作为律师行业的一分子，亲历律师行业自身不断发展壮大的坎坷历程，也见证着大风大浪中律师群体始终如一致力于中国司法体制进步的努力。

刚刚从事工作时，彭逸轩感受到社会各界对律师行业的排斥。由于刑事辩护工作的特殊性，工作中需要接触来自多方的群体：当事人、公检法三机关、被害人甚至是社会大众及新闻媒体。刑事辩护律师在维护当事人的利益时，面对国家机关不重视诉讼程序，常常无奈又无力；面对社会大众的质疑，还可能需要向其解释为什么给所谓的"坏人"辩护，这就更加需要律师对于工作岗位的耐心和坚守。

彭逸轩提到两个案件来描述当前刑辩律师普遍面临的困境。一个是其曾代理的福建泉州职务犯罪案件，他们团队负责为被指控受贿的当事人进行辩护。团队顶住压力进行取证工作，对于案件涉及的十个证人中愿意配合的六个证人，在保证自愿、客观的前提下，对每个人单独进行了调查取证，经过前期调查和收集证据的对比，所有的调查取证结果最后表明：他们在侦查机关所作出的证言是被逼迫的情况下做出的，他们一致否认向被告人行贿。团队在法庭上出示了该证据及证明证据取得合法性依据的录音资料。然而案件侦查人员作为重要证人却拒绝出庭质证。即使搁置证据内容的真实性不谈，从证据的程序及适用方面来说，公诉方证人不出庭，在辩护方有证据证明审前证据系虚假的情况下，法院就应当采信辩护方提交的证据。但令人无奈的是，最终法院仍旧选择大部分采信公诉方的证据。虽然据理力争的结果是，被告减刑至两年四个月有期徒刑，但这并不是应当出现的结果，而是妥协的产物。彭逸轩总结道："司法的结果可能往往不如你所愿，也不如事实所愿。但我们不能就因此而放弃希望，停止抗争。"

另一个是其代理的河南驻马店申诉案件，当事人在 20 世纪 90 年代被判强奸杀人罪，然而实际上当时的证据都是间接证据，并没有实际证据证明存在杀人行为。彭逸轩当时与河南省高院某法官会见并讨论此案件，被堂而皇之地告知："该案虽没有实际证据证明杀人行为，但还留有余地了嘛，对当事人只判了死缓，没有判死刑，当事人应当知足才对，翻案就不要考虑了。"可以理解的是，法院站在自己的立场上，出于维护社会秩序的考量，对冤假错案的翻案慎之又慎，但打击犯罪还是维护人权一直是刑法的目的本身即存在的价值冲突，在明显知道可能存在冤假错案的情况下，启动再审程序绝不是司法改革的负资产。诚然，20 世纪 80、90 年代，"文革"之后法制刚刚恢复，法制的长时间断裂使得当时的法院司法水平受限，再加上维护社会治安的客观需要，不可避免地留下了众多的冤假错案。但社会在发展、司法在进步，只有秉承"发现一起、纠正一起"的精神，我国司法改革的成效才能落到实处。

虽然相较四十年前，我国的司法制度在不断完善和进步，但当前的司法制度仍然存在诸多问题，深究原因，彭逸轩对此有着自己深刻的理解：其一是所有人都有犯错的可能，裁判者也不例外；其二是刑事案件的判决经常受到各方面的干扰，如来自行政机关、法院内部等的干预；其三是司法惯性，刑事司法体制缺乏刹车机制，常常不能发现错误，从而无法及时遏制错误的发生，这就需要律师的及早介入，从侦查开始就起到监督的作用；其四是机械司法，一些违反常识的案件如"天津大妈气枪案"，往往是由于司法机关机械适用已不适应社会现实发展的法律而拒不变通所致；其五是部分不法利益的勾结在司法制度内仍旧存在。

面对这些阻碍案件正当判决的因素，明知某些刑事案件即使尽力辩护，也有可能无法收获理想的结果，彭逸轩认为，一名有职业操守的律师仍应当坚持想尽每一个办法去辩护，总有人应当"去啃难啃的硬骨头"。彭逸轩解释道："正是因为现实中存在诸多问题，坚持才有必要和价值。刑辩案件涉及人的自由和财产，甚至生命，关系较大，责任较重，如果真正为当事人争取到一些权益，你就会觉得自己不仅实现了个人价值，也为社会规则完善作出贡献。刑事辩护，直指人的根本。"历经长期的坚持，彭逸轩也收获了引以为傲的结果，自己所代理的案件越来越多地得到侦查机关撤案、公诉机关不起诉，以及法院宣布无罪的结果。

彭逸轩对当前的成就仍不满足，就未来进一步的职业规划，彭逸轩希望能够充分利用现有的工作经历，为律师行业特别是刑辩行业做一些实事，在力所能及的范围内帮助提高刑事辩护行业水平，探索和建立起刑事辩护领域标杆意义的行业典范。

彭逸轩对于律师行业的发展前景十分乐观，当前蓬勃发展的市场经济下，交易结构日益复杂为律师行业的发展带来久违的契机，社会分工日益专业化，难免出现社会纠纷，而社会意识提高带来大众对个人自由和财产保护要求加强，律师作为应势而生的调解人，社会对其的需求将会与日俱增。同时，司法改革如火如荼地进行中，刑事辩护领域全覆盖的改革方向，也将扩大对于刑辩律师的庞大需求。司法环境改变，有志于做律师的法律人才大量涌入，也为行业带来更多年轻的力量。

从法大学子到刑辩律师，秉持初心，彭逸轩的法律职业道路走得坚实而有力。以彭逸轩这样的优秀年轻律师为代表，可以窥见，律师群体，他们独立、坚毅、正直、有思想、有责任，对职业有远大雄心也有踏实规划，如著名律师陈有西所总结，构成了"法律共同体中的民权力量"。法科莘莘学子，也当循前辈之路，为法治事业前仆后继，奋斗终生。

（文/苏小雅）

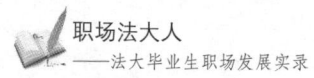

法律人生中的小确幸

——访北京炜衡律师事务所邓学敏

【人物简介】邓学敏，男，中国政法大学 2007 届毕业生，于 2015 年以合伙人身份加盟北京炜衡（上海）律师事务所，2017 年晋升为高级合伙人。邓学敏律师在金融与资产管理、并购重组、证券等领域具有丰富的执业经验。曾获 2015 年度"炜衡新秀"、2016 年度"炜衡优秀律师"、2013～2016 年度"上海市长宁区十佳律师""优秀律师"等荣誉。

2017 年，是邓学敏从法大毕业的第十个年头，也是他在法律之路上汲汲前行的第十个年头。这一年，他完成了复旦大学在职法律硕士的三年学习，实现了毕业多年后的"回炉"再学习，取得了法律硕士学位。这一年，邓学敏成为北京炜衡（上海）律师事务所的高级合伙人，女儿也三岁了，乖巧可爱。这一年，他参加了毕业十周年同学聚会，多年未见的老同学重回昌平相聚，一张张熟悉的面孔已被岁月轻悄悄地打磨，却依然洋溢着炽烈的、真实的笑容。如满天星斗，大家在五湖四海各自奋斗，又能重聚昌平回首往事，这对邓学敏来说，就是一种幸福。

邓学敏在法大的第一专业是国际政治，但他从大一开始便选修了法学主干课程，大三时，他又受益于学校推行的双学位政策，重新修读了很多法学课程，因此打下了扎实的法学基础。"感谢法大对'非法学生'开的绿灯，也使当年江平先生在开学典礼上提倡的'非法律专业的学生都要染指中国政法大学的法学'成为可能。"邓学敏说。这种宽容并济的法大精神，鼓励着邓学敏走上法律之路。

毕业后，邓学敏在一位法大师姐的引荐下，进入了这位师姐负责的上海一家外企的法务部门，主要负责公司业务相关的法律支持工作，包括设立子公司、制定标准业务合同、审阅日常法律文件、知识产权事务等。邓学敏回忆道，在外企的这一年，于他来说最大的收获就是养成了严谨细致的职业习惯。犹记一次工作时，需要在文件上插入商标图案，邓学敏插入了电子图片后将文件交给领导，却被退回。他放大图片反复检查，依然没有发现异常，这时他的领导指着放大后的图片边缘说，你仔细看，图片的边缘是模糊的齿轮状！这件工作中的小事让邓学敏意识到，法律工作对细节的要求极高，工作文件从内容

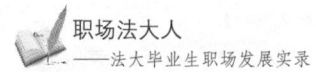
到形式，都有一套规范，需要你彻底打破学生时代的习惯，建立起一套符合职业规范的行为方式和思维模式。"第一年的法务工作遇到这样的好上司，没有野蛮生长，是我职业生涯幸运的事情，也为之后的执业风格奠定了基础。"邓学敏说。

2008年7月，工作满一年后，邓学敏还是希望能从事律师职业，经慎重考虑向公司递出辞呈，专心备战司考。仅仅一个半月的复习时间，邓学敏就以415分的高分通过了司法考试。他分享道，对他来说，通过司法考试是长期积累的结果，重点法条和历年真题是很重要的，如果有时间，考前建议多做几遍近五年真题，找找题感。心理压力一定是会有的，好在他复习之余也可以观看奥运会比赛作为调剂，母亲的全力支持和悉心照料，也使得邓学敏放下所有包袱，全力以赴地复习、备考。

司考结束后，邓学敏一边调整自己，一边确立了新的职业规划：成为一名律师。相较于法务来说，律师需要长期的职业经验积累和市场资源积累，也更多地依靠个人能力。法务的工作则相对来说比较固定和稳定，更看重平台。彼时正处于2008年底、2009年初，受金融危机影响，一些以金融资本业务为主的律所也不可避免地受到冲击，想进入一个好律所困难重重。邓学敏向上海排名靠前的律所合伙人投简历，毛遂自荐，成功收到了几份面试通知，很幸运经过多轮面试，在2009年3月份进入了大成律师事务所上海分所，协助合伙人处理并购和争议解决方面的法律业务。这段工作经历是邓学敏律师生涯的起步。

接下来的几年，邓学敏在律师这条职业道路上不断探索着。2010年，他离开大成，去了一家规模较小的律所做独立执业律师，又在2012年初加入了锦天城律师事务所从事证券业务。邓学敏在锦天城工作了将近四年时间，在此期间奠定了自己律师职业专业化的基本方向，不过，相应地，也需要承受相当大的工作强度。当时，他负责一个"借壳上市"项目，连续好几个月加班到凌晨，加上智齿发炎，整宿疼痛难忍无法入眠，只能半夜在宾馆房间里来回转圈。

邓学敏说，这几段在不同律所的工作经历使他对律师这个行业的工作环境有了相当程度的了解。他在规模较小的律所担任独立执业律师时，靠自己的案源拿提成，主要业务以民事纠纷类诉讼为主，平台较小，专业化程度相对来说也比较低。这一点让邓学敏意识到，规模较大的专业化律所才是更适合自己的选择。邓学敏律师说，一般而言，管理模式偏向合伙型的律所，主要看合伙人与团队的风格，如果遇到"散养型"的团队，合伙人会给予相对多一些的工作授权，很多新业务也需要你去独立面对，摸着石头过河，在探索中学习和成长。如果毕业生有意选择进合伙型律所，建议先对团队和"老板"做一定了解，因为进一个什么样的团队，基本就决定了你之后的专业方向和工作模式。

对于律所求职面试需要注意的事项，邓学敏也分享了他的一些经验：（1）简历尽量简洁，重点突出学历、在校成绩、获奖经历、实习经历等；（2）要懂得基本的商业礼仪，得体的穿着和言行是加分项；（3）有明确的薪金待遇预期，做好前期了解工作；（4）律所一般比较注重新人的稳定性，建议选择律所时就律师助理工作有三年左右的规划期；（5）非诉律师很看重法律文字功底。

"总体来说，求职是一个双向选择的过程，求职时也不用把自己放得太低，平常心，在展示自己的同时也多关心一下自己想要的东西，这样双方都充分了解了，才可能形成一段理想和稳定的工作关系；但作为新人也要意识到，你的能力是需要带教老师和团队去引导、培养和激发的，一开始也不能有不切实际的预期，正确认识自己很重要。"邓学敏说。

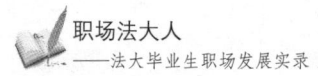

2015 年 8 月，邓学敏辞去了锦天城的工作，加盟北京炜衡（上海）律师事务所，成为一名合伙人，开始组建自己的团队，建立新的客户关系，业务紧张而有序地发展着，团队成员也从刚开始的两人增加到目前的五人，其中有三位是法大校友。邓学敏说，对于专业化的律师工作而言，团队的培养与成长非常重要，一旦彼此成为一个团队，就意味着长久的合作与陪伴，每日相处的时间远超家人。

邓学敏在培养新人时采取"白纸模式"，从实习生阶段开始，经过半年到一年的长时间实习，对彼此有较充足的了解后，才做最后的决定。实习生是一张白纸，需要有丰富执业经验的带教老师和整个团队成熟的培养模式来引导，才能建立起成型的工作思维和职业习惯，统一化、标准化、专业化，是作为一名法律职业者所必须具备的素质。"虽然前期会相对辛苦一些，但只要培养好一位，之后的培养成本是递减的，团队整体的培养效果是递增的。"事实证明，这种团队培养模式是有效的，三年过去，邓学敏的团队规模稳定、良性发展，工作质量也有所保障，依靠自身的专业性和高度的责任心，赢得客户的信任，通过良好的口碑和专业的宣传逐步拓展服务市场。2017 年，邓学敏晋升为北京炜衡（上海）律师事务所最年轻的高级合伙人，经过严格的评比程序，被上海市长宁区司法局等单位评为 2013~2016 年度"长宁区十佳律师"。

邓学敏团队也非常注重知识管理工作，日常法律服务过程中遇到的法律问题，会经常形成专业的法律文章并发表。近三年来，他们团队共发表了 20 多篇专业文章。最近，邓学敏团队编纂并批注的《中国担保法律法规汇编》，也将由北京大学出版社出版。邓学敏认为这些知识管理工作，既能有效地提高团队成员的专业化水平，同时也是律师最好的宣传方式之一。

除了团队培养模式，邓学敏和他的团队还特别强调他们的核心价值和协作方式，并长期按照这些团队价值来相处和合作。就在 2018 年 6 月，他们团队一致决定，把这些核心价值和协作方式上升为企业文化，形成书面的、共同的规则，作为团队公约性文件，严格履行，高度遵守。说办就办，两周之内，团队的所有成员都完成了一份书面总结，各自描述了理想中的团队核心价值和协作方式，最后，在会议上汇总、整理，并逐条审议通过，形成了一份生效的"学院公约"。

邓学敏团队的"学院公约"分为两部分：

1. 团队理念与文化。关键词包括善意、信任、尽责、精业、温情等，明确希望团队是一个互信互助、专业尽责的有温度的小圈子。

2. 团队建设与协作。包括成员准入条件、合伙人负责制下的扁平化管理、协作质量与效率、知识管理等内容，明确了团队的准入标准及协作方式。

这一份团队公约简洁明晰的千字，不仅道出了邓学敏团队在工作上通力协作、精神上互相支撑的集体共识，也体现了邓学敏十年法律职业生涯长路中对自己的严格要求和对法律精神的深刻认识。如今，团队成员时刻将这份团队的"宪章性文件"铭记于心，开玩笑时还会"引经据典"地引用这份文件中的原则，这样严谨、规范，但又不失温情、轻松的团队生活，充满了日常可感可知的幸福感。

2014 年，邓学敏的女儿出生了，他在繁忙的工作之余，努力尽到一个好丈夫、好父亲的责任，陪伴、参与着女儿的成长之路。周末，邓学敏喜欢在家陪陪妻子女儿，宅在家里或一起出去转转，也经常会在朋友圈晒晒娃。闲暇时喜欢翻翻闲书，听听音乐，偶尔用口琴吹两首小曲子哄女儿开心。平时，如果

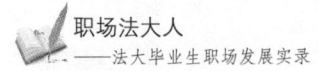

下班早，邓学敏还会尽量去接妻子下班，晚上安顿好女儿睡觉后，偶尔还会一起去看场午夜电影。邓学敏每周还会去健身房，他说律师的工作压力非常大，健身锻炼能让自己保持良好的身体和精神状态。

家庭的温暖和家人、长辈们的理解、支持，消解了邓学敏生活上的许多压力，日常的三言两语诉尽家的意义，在记者听来，像极了顾城诗歌中的意境："草在结它的种子/风在摇它的叶子/我们站着，不说话/就十分美好。"

法大同学毕业十周年聚会上，邓学敏与昔日旧友相聚，大家都已过而立之年，各自成家立业，许多人已成为核心部门的骨干、公司的高管或者律所的合伙人。"开班会的时候，大家说得最少的是工作，说得最多的一句话，是希望各自都能健康平安。"对于法大的师弟师妹们，邓学敏希望大家都能想好自己要做一个什么样的人，毕业之后，既要脚踏实地，也永远不能丢了那点理想主义的"书生气"。

（文/王静）

灿烂的人生是走出来的

——访嘉润律师事务所黄丹

【人物简介】黄丹，男，四川人，中国政法大学国际法学院2007届本科毕业生。在校期间行事作风不拘一格，思想超前，在选课以及课外活动方面从来不随波逐流，喜欢做别人不愿意做的事情。在国经男足服务期间曾经为国经院获得多项荣誉嘉奖，在任班长期间办事负责，深受同学好评。

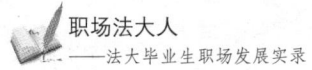
我与我的法大

黄丹作为一名理科男生考取法大的路相比较其他同学算是比较坎坷的，2001 年高中毕业之后报考国防科技大学不幸落榜，抱着一定要进入全国重点大学的目标，他选择了回校复读一年重新参加高考。第二年考取了吉林大学，结果没有去成自己理想中的物理系而是被调剂到了通信工程学院，在吉林大学待了一个月之后觉得与自己的理想生活相差甚远，于是选择退学重新考试。本着自己对战斗机飞行机械的热爱，在 2003 年高考结束填报志愿的时候，黄丹最初想要报考北京航空航天大学，在报志愿前征求老师意见时老师说："你的数学成绩并不是很理想，但是你的文科相对扎实，尤其是在历史方面的造诣尤为突出，建议你还是读文科院校。"黄丹与法大的缘分由此开始。

在进入法大之后黄丹被分配到了国际法学院 2003 级 3 班，在校期间行事作风不拘一格，他并没有选择加入很多社团，只在勤助服务中心工作了一年，大二之后他就没有留在任何部门了，但是生性喜欢运动的他例外地留在了国经男足，谈起在国经男足的经历，师兄坦言："在国经男足的经历是最刻骨铭心的。"在运动场上最激动的时刻就属绝处逢生了，在一次与政管男足的比赛中原本五比一落后的国经男足在最后时刻六比五翻盘，兄弟们在一起相拥而泣的画面，令黄丹师兄终生难忘。在"国经是冠军"的口号下黄丹度过了四年青春无悔、热血高校的时光。在班级里面由于黄丹年纪比较大，行事作风比较成熟，所以当选为班长，为同学服务。在上一次毕业十周年的同学聚会当中，3 班的同学大部分到齐，其中男生全部到齐，女生大部分到齐，包括在我国台湾地区和海外的学生也不远万里赶回来，分别十年后再次重逢，同学情谊，溢于言表。

谈起在学习方面的状况，黄丹师兄笑道："其实我的成绩在班里中等而已不能算是最好，也不拖后腿。"但是黄丹素来行事风格与众不同，例如别人都千方百计地想得到老师的考试重点，而黄丹却从来不找老师划重点。在选修课方面也喜欢选好多同学们都不会去上的课，在法学专业课方面也比较专注于公法研究。在校期间选修过商学院的农村经济专题研究，也读过《乡土中国》这些课程，这激发了黄丹日后想成为一名大学生村官的想法。

我的工作经历

谈起在毕业之后的择业，黄丹师兄说："记得上一次在优秀校友座谈会上和常副校长讨论的时候提起，现在法大的毕业生还是以从政为主要的择业方向。"黄丹师兄那一届的毕业生大部分都去了外交部、国家安全局等政府机关，还有很多去了法院、检察院。因为恰逢北京市公安系统扩招，所以黄丹那一届毕业生去公安系统的人数占的比例相比其他届进入公安系统的比例要高出很多。同时也恰逢司法体制改革，黄丹那一届的毕业生也是最后一届毕业之后才能参加司法考试的学生。还有一部分毕业生去了各地海关系统，主要分布于大连海关、深圳海关和北京海关总署，其余也去各地工商税务等政府部门。在黄丹毕业的那个年代做律师并不像现在这样普遍，当时律师助理的薪水非常少，一个月只有大约 1200 元左右，虽然当时大学生村官的薪水也不高，只有区区 2000 元，但是大家还是愿意选择去做大学生村官，因为大学生村官有编制可以获得北京户口。在那个经济不景气物价上涨的年代，律师助理一个月 1200 元的工资实在不足以支付正常的开销。还有一部分家庭条件优越的学生选择去国外深造，毕业回国之后也都找到了很不错的工作，总

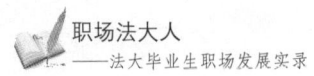
而言之法大的毕业生还是非常受社会欢迎的，黄丹师兄那一届基本没有找不到工作的学生。

在这里还有一个有趣的故事，黄丹师兄在法大求学的时候也曾经是就业创业指导服务中心的记者。房山区区委组织部的一位领导到法大来面试学生，正好是黄丹师兄负责接待的，而恰巧黄丹师兄同时也报考了房山区的大学生村官，有了这一点点渊源再加上黄丹师兄优异的考试成绩，所以顺利地成为一名大学生村官，由于工作的地方地处偏远，黄丹还经常自嘲道"自己根本不是在北京工作而是在河北边境。"但是在谈起这份工作黄丹也是非常喜欢，这里虽然地处偏远，但是历史十分悠久，在这里有一处行宫是当年乾隆皇帝巡视天下的休息之处，保留下来了许多当年乾隆皇帝的御笔等一些珍贵文物，而且环境十分优美，这里的泉水也享誉天下，对待自己的第一份工作黄丹还是十分珍惜的。

谈起法学专业，黄丹说："就法学专业而言它的就业率是相当不错的，在当今法治社会之中，各行各业都需要法学人才但是关键还是看你的法学功底是否扎实。"

结束了三年的大学生村官工作之后，黄丹决定报考公务员。当时报考的是丰台区某街道办事处办公室的一份工作，有了村官的工作经验之后这份工作也应该得心应手，但是考试结果出来之后却意外落选。对此黄丹也并没有自怨自艾，转行去了一家位于中关村的上市公司华锐风电集团，起初服务于市场部，有幸经历了这家公司上市的过程。这家公司对黄丹的影响也非常大，在市场部主要负责风力发电项目的前期开发，也有负责的业主。黄丹主要负责向长江三峡新能源集团销售风力发电设备，同时负责在新疆哈密和贵州毕节做设置风力发电设备的前期调研。为了工作需要，要爬到海拔3000多米的山上去做考察，云贵高原海拔很高氧气稀薄，黄丹一行人甚至出现了高原反应，这些经历同时也让黄丹切身感受到了中国西部偏远地区的贫穷落后。在这所公司的工作经历也让黄丹对新能源行业有了一个全新的认识，也对当年国家高端装备领域有了一个全新的了解。

在这家公司工作两年之后黄丹又重新投身了公务员领域，并顺利考取了石景山区信访办，工作一年之后因工作能力出色，被调任至区委组织部工作。在信访办的工作也对黄丹影响颇深，因为信访办接触的群众全部来自于中国最底层，能够接触到社会最黑暗的一面，所以国家也很关注信访干部的心理健康问题，毕竟长期接触社会黑暗面对信访干部的心里也是巨大的挑战，其中有一位"老上访专业户"从1988年开始上访但是他的问题并不是因为受到某种迫害，而是他自己对法律和政策的错误理解，虽然黄丹表示了同情，但是有些原则问题也是无法违背的。这位"老上访专业户"的上访频率非常高，基本一个月上访一次，从市信访办到区信访办，可谓是"锲而不舍"，两个部门甚至还安排了专人负责接待来安慰他。对此黄丹也无奈地说："如果家庭困难或者需要援助的话，那按照国家政策该怎么帮助就怎么帮助，但是对于他的问题却是无能为力。"谈起信访办这份工作，黄丹说到其实能帮助他人解决问题他觉得很有意义，例如有一天一位老人的住宅属于危房建筑陈旧漏雨需要改造，但是这所房子属于当年的农民房，就是一般的宅基地，没有土地证，石景山没有承包到户的过程，要建房就要有规划许可、建设施工许可等一系列手续，因为他没有这些证件，被邻居举报了，因为无法建房，于是开始了他的上访之路，几乎各级机关都跑了一遍，但是因为政策上的不允许，所以各级机关都没有帮他解决问题，因为黄丹曾经做过大学生村官，在农村工作过，

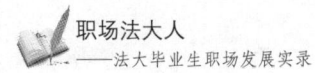

切身知道农村老百姓面临的问题，最后还是通过信访办从中协调，公安局出面做工作，大家齐心协力地帮他解决问题了。

2015年6月从组织部辞职来到嘉润律师事务所做实习律师，实习期满之后去了一家名为"协合新能源"的企业做法务经理，因为曾经在新能源公司工作过，所以工作起来还比较得心应手，在工作一段时间之后黄丹又回到嘉润律师事务所工作到现在，黄丹师兄的灿烂人生可谓真正是走出来的。

（文/肖禹榛）

国际组织篇

以西方为镜　可以博众长
——访宜昌市财政局国际科彭精博

【人物简介】彭精博，男，中国政法大学商学院经济学专业2009届毕业生，2012年获法国马赛高等商学院金融硕士。2013年初，彭精博开始就职于宜昌市财政局。2013年8月，彭精博通过财政部的推荐选拔，作为全国财政系统的唯一代表，外派至意大利罗马的国际农业发展基金（IFAD）总部实习半年。

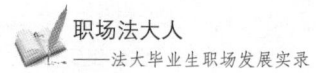

在地方财政局的工作职责

彭精博任职于财政局国际科，他打比方说，国际科在地方财政局的地位，就如同经济学在中国政法大学一般，不为普罗大众所了解。国际科既不编制地方各机关事业单位的预算决算报表，也不负责向机关事业单位和国有企业拨付资金。简单地说，他们只负责打造、管理向国际金融组织（世界银行、亚洲开发银行和欧洲投资银行等机构）申请的贷赠款项目。

地方政府申请的国际金融组织贷款，均为主权贷款项目（主权贷款即贷款协议由一国中央政府财政部门与国际金融组织签订、以国家主权信用申请的贷款），发放贷赠的主体主要是世界银行和亚洲开发银行，2015年开始新增了亚洲基础设施投资银行（AIIB）和新开发银行（NDB）。贷款项目覆盖了交通、能源、物流、养老、水利、环保、农业等多个领域。贷款流程一般由地级市发改委、财政局发文，经省发改委、省财政厅向国家发改委、财政部提交申请，由国务院批准列入世亚行三年滚动贷款计划。

在宜昌工作的近三年时间里，彭精博先后参与了亚行贷款宜昌城市交通综合改善项目的翻译与谈判，欧投行小水电贷款项目的管理，世行宜昌三峡物流园贷款项目的申请，亚行宜昌养老战略发展研究的技术援助赠款项目的申请和执行以及亚行宜昌养老贷款项目和PPP项目的前期策划，参与的项目贷款总金额近40亿元人民币。

在国际组织实习的工作职责和收获

2013年上半年，刚到财政局工作不久，彭精博就很幸运地报名参加国际农发基金实习生项目的选拔，并通过财政部的选拔和农发基金的面试，成为全国财政系统的唯一代表，派驻国际农发基金合作与筹资部亚太联络办任职半年。IFAD 是联合国的十八个专门机构之一，也是向发展中国家提供粮食和农业贷款，致力于消除农村地区贫困的国际金融组织。

实习期间，他担任了 IFAD 总裁特别顾问、亚太联络办主任、原中国财政部一位副司长的助手，负责撰写亚太地区国家与 IFAD 合作情况综述，起草总裁会见亚太各国官员的谈话要点，更新 172 个成员国捐款额及投票权数据，搜集与整理亚太地区国别简要经济分析、合作战略，起草与其他国际组织合作概念书。此外，他还与投资非洲大陆的中国企业相关人员保持联络，从中他深切地体会到了深化 IFAD 与私营部门合作的不易。

对他个人而言，他认为在 IFAD 实习的半年带给了他四大收获：一是英文的口语和写作能力都有了进一步的提高；二是熟悉了联合国机构的基本治理框架和议程，对 IFAD 贷款项目设计、执行与评估有了一定的认知；三是接触到意大利前经济与财政部长、国际农发基金总裁、世界银行副行长等一批国外高级别官员，开阔了眼界；四是认识了一大批联合国机构内外的外国同事和朋友，更深入地了解了西方，丰富了人生阅历。

成为国际组织实习生和职员的路径选择

IFAD 的中国籍职员比较有限，超过 500 人的员工中只有不超过 7 名中国籍职员（含正式职员和顾问）。正式职员中有一位 1999 年毕业于法大本科的师兄就职于 IFAD 法务部，他在英国曼彻斯特大学完成国际金融法博士学业后成功申请了 IFAD 的职位，在 IFAD 工作数年后，他响应祖国的召唤，于数年前回到了 AIIB 北京总部工作。

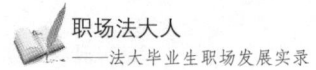

在 IFAD 的中国实习生有三种背景，第一种是像彭精博一样，具有政府背景；第二种是高校背景，参与北京大学、中国政法大学与 IFAD 法务部签订的实习生项目；第三种是依靠自己的个人申请，以及导师、朋友的推荐。其他国际组织的实习机会也主要参照这三种方式。

"如果失去平台的推荐，完全依靠个人的力量来申请，缺乏良好外语水平和海外学习背景的中国国籍学生获得实习职位会非常困难。"彭精博坦言道。对于中国籍学生来说，国际组织的实习机会在逐渐增多。从前几年开始，国家留学基金委专门设立了资助中国籍学生赴联合国教科文组织、国际民航组织、国际贸易中心等国际组织实习的合作项目，曾有一位法大师妹顺利通过选拔赴联合国教科文组织实习。可以想象，这类实习生的选拔竞争会十分激烈。我们还要注意到，国际组织的总部一般均位于欧美国家的各大城市，如纽约、华盛顿、蒙特利尔、维也纳、巴黎、罗马、日内瓦等，在欧美国家留学的中国籍学生，申请成功的几率一般而言将大大高于国内高校的毕业生。

想要成为国际组织正式职员的难度更大，对于中国人而言主要有以下三种途径：

第一，是联合国总部举行的青年专才计划（Young Professionals Programme，简称 YPP），招聘的专业人才包括财务、无线电、土木工程、计算机、法律、人力资源等，每年的招聘专业不同，每年招聘的专业人才的国籍名单也不同。其他国际组织，包括世界银行、国际货币基金组织、国际原子能机构，他们都有自己对应的青年专才考试，名称各不相同，实质差异不大。

第二是政府推荐、外派任职，在中央部委办与国际组织打交道的部门或者负责 ODA（官方开发援助）的部门任职一定时间，晋升到一定级别或工作满一定年限后，有可能会有推荐到国际组织任职的机会，各个部位对应的国际组织各不相同，例如，商务部对口的是世界贸易组织，财政部对口世界银行、亚洲开发银行和亚投行，教育部和文化部对口联合国教科文组织，农业部对口联合国粮农组织，卫计委对口世界卫生组织。

第三就是靠个人申请，一般来说是从实习生做起，留用后从三个月临时合同的 consultant，转为半年、一年、两年合同的 consultant，然后转成 P1、P2（P 即 Profession，是联合国机构职员类型的一种，有 P1 到 P5 五个级别）级别的正式员工，寻求机会逐步缓慢转岗晋升。据彭精博介绍，目前在联合国系统内任职的非中国政府委派的级别最高的中国籍官员是徐浩良，他从联合国开发署的实习生做起，后转为短期顾问和正式员工。2013 年徐浩良成为联合国助理秘书长、联合国开发计划署助理署长兼开发署亚太局局长。

中国人成为国际组织职员面临的障碍

在国际机构任职对于国人来说之所以困难重重，彭精博指出了以下四个原因：

首先是目前而言，国际组织的总部主要位于欧美，总部位于中国的国际组织数量十分有限，目前只有亚投行、新开发银行、国际竹藤组织等几个机构。国际组织招聘时一般情况下会优先考虑本国职员，尤其是大部分通用服务岗位（General Service Staff），在本国职员优先的情况下能被录用的中国籍职员数量自然十分有限。

其次，国际组织的通用语言是英语、法语和其他非汉语语种，对中国人的外语水平要求很高。对于普通中国人而言，英语想要达到听说读写四项全部流利并不容易，尤其是写作，国

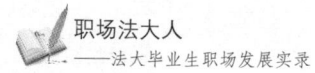

际组织的英文邮件和文件的写作水平一般非常高，中国籍职员想要达到这样的高水准水平绝非一朝一夕之功。除此之外，绝大部分中国籍学生普遍只会一门外语，对联合国的其他官方语言（法语、西班牙语、俄罗斯语、阿拉伯语）和欧陆国家的其他通用语言（德语、葡萄牙语、意大利语）知之甚少，更别提达到熟练使用的程度。相较而言，在欧洲大陆有留学经验的中国留学生有一部分会第二外语，因此在申请实习时会拥有部分优势。

再次是实习和工作经历的要求无法满足。要想成功申请赴联合国、国际组织任职，一般来说必须有国际组织/中央政府的实习或任职经历。欧美政府、议会和法院往往制订有完善的、规范的实习生计划，吸引年轻人为国效力，比如欧盟委员会的实习生计划面向全球选拔，美国白宫和美国国会的实习生计划我们中国学生耳熟能详。例如，与彭精博在 IFAD 一起实习的法国同事文森特拥有这样的实习经历：法国农业信贷银行实习、法国财政部实习、欧洲投资银行实习、国际农发基金实习、世界银行实习，接着就留用世界银行首席经济学家办公室工作。如此丰富的实习经历不只是意味着一份光鲜的简历，更多的时候确实能够给实习生本人带来国际组织所看重的研究、写作、演讲、协调和人际关系处理等各方面综合能力的全面提升。而反观国内学生，拥有这样的实习经历几乎完全不可能，很大程度上是因为我国的政府部门，尤其是中央政府部门并没有形成长期的、完善的、规范的实习生选拔制度。

最后国际组织尤其是联合国机构有着严格的人事录用制度和流程，学历、外语能力、中央政府/多边组织/NGO 的任职经验、审计/法律/计算机等专业能力、项目报告/研究报告的撰写能力等，诸多条件缺一不可。

目前来看，中国国籍的职员在联合国各大机构的任职比例低于中国会费缴纳的比例，这对未来申请国际组织职位的中国国籍员工是一个优势。"从会费缴纳和承担国际义务这些方面来看，欧美甚至非洲的许多国家已不愿意把中国视为发展中国家了。"彭精博介绍。中国在国际货币基金组织（IMF）和世界银行的捐款比例在不断提高，在世界银行的投票权达到了5.7%，在IMF的投票权达到了6.39%，中国在经济、文化、军事、反恐、人道主义援助等各类国际活动和国际组织中承担的义务越来越多，发挥的作用越来越明显。中国籍职员也开始执掌联合国专门机构，原中国财政部副部长李勇，2013年起担任联合国工发组织的总干事并已成功连任，是联合国专门机构的首位中国籍掌门人。然而，这并不意味着联合国机构和其他国际组织会因为中国投票权的增加、影响力的上升而为中国籍职员另辟特殊录用通道，也不会为中国籍职员额外降低国际组织的录用标准。

谈到会员国的捐款义务，彭精博还提到，对于发展中国家来说，联合国职员确实拥有较好的薪酬福利。联合国职员的工资则由基本薪酬和地域津贴组成，并且工资免税，福利制度包括买车、买房补贴，子女的教育基金，配偶的生活补贴，每年长达20多天的公费回国探亲假等。需要注意的是，联合国职员的薪酬福利和其部门预算直接挂钩，这些年联合国机构面临募资困难和会费严重拖欠的问题，所以某些机构的某些部门在一定情况下可能会被裁减，一旦某成员国宣布退出某组织（美国2017年宣布退出联合国教科文组织，教科文组织的所有美国籍职员都会失业），或者某个项目经费使用始尽，所有项目的直接相关人员，不论级别，都要面临重新就业的问题，这与中国的公务员制度相差甚远。彭精博说，从他个人看来，中国的政

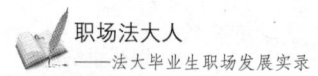
府机构和事业单位在未来经济增速放缓、财政支出困难的情况下可能会采取类似的人事变革，体制内的年轻人必须做好面临这种潜在变革的准备。

永生难忘的亚平宁岁月

"亚平宁半岛的六个月，是我人生中迄今为止最快乐的时光。我亲身体会到他们对工作的高标准要求，亲眼目睹了外国官员的个人风采，深切感知了人与人相处的平等和谐氛围，从点点滴滴中感受到了西方文化的魅力。"彭精博在他的文章《浮光掠影亚平宁》中这样写道。

在整理一份谈话纲要时，他阅读了几十份材料，熬夜加班，但这份作品却被朝鲜导师修改得面目全非，各种细节处的语言和内容问题都覆满了红色的批改痕迹。联合国的官员们不仅工作亲力亲为、认真严谨，而且为人和蔼可亲。"他风度翩翩，每天都打着领带，穿着黑西装黑皮鞋，一头漂亮整齐的银发走在哪儿都很惹眼……"这是彭精博笔下的维托里奥·格里利先生，他是意大利上一任财政部长，当时在 IFAD 总裁办任职。

在 IFAD，他真切地感受到了特权的无处遁形，人与人之间的平等互助。IFAD 不论等级，所有人见面都直呼其名，工作氛围因此轻松愉悦。开会时，先到的员工坐前排椅子，后来的员工坐后排甚至站着，实习生先到就可以坐在第一排，部长级别的总裁后到会议室，也不会有人特意为他让座。小型讨论会上，每个人都可以畅所欲言，每个人的发言机会都是平等的。"在这种环境下，人们会真切地感受到每个人都是被需要的，每个人都是被尊重的。"

为了体验不一样的异国生活，接触更深层次的意大利文化，结交更多的外国朋友，彭精博尝试着努力打破中国籍学生封闭抱团、不与外国实习生主动交流的偏见，积极参与各类社交活动，与十几个国家的实习生结下了深厚的情谊。工作之余，实习生们集体去罗马东南部的阿尔巴诺湖游泳，在凯撒大帝 2000 多年前修建的阿皮亚古道上漫步，每人做一道家乡故国的菜肴一起品尝，还曾作为慈善组织志愿者给罗马威尼斯广场附近无家可归的人分发面包和水果。

为了近距离感受意大利人的家庭生活，融入意大利的氛围，他租住在罗马实习生朋友家中，还陪同朋友的家人回那不勒斯老家度过了一个温馨的意大利特色的圣诞节。在因日心说捍卫者布鲁诺而闻名的罗马鲜花广场的地下酒吧，他表演过一场英文脱口秀，对比他眼中的欧洲和中国，让底下的一群外国朋友为之疯狂，后来他的表演还被当地颇有名气的喜剧演员推荐给罗马电视台拍摄收录。

以西方为镜，虚心学习

"再过大概八到十年，中国就将超越美国成为世界第一经济大国。即便如此，我们千万不可有丝毫懈怠，我们必须看到与满怀自信地宣告离实现中华民族的伟大复兴的宏伟目标之间依然横亘着种种挑战和危机。我们必须承认，西方大国从教育、科技、民生、军事等各个方面依然遥遥领先于中国，我们要向发达国家学习的地方还很多很多。"彭精博在他实习报告的结尾这样写道。

只有打开国门，主动与西方接触，虚心学习西方的契约精神、法治理念、平等观念、话语体系，才有可能在充分熟悉和理解国际社会游戏规则的前提下采取更为西方人所容易接受的举措和行为，从而在国际组织中逐步获取更多的话语权，更好地服务于中国，为中国争取更多的利益。古人云以史为镜，在牢记历史的同时也应该以欧美为镜，认清自我并找出差距，正

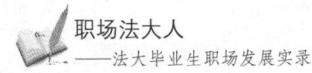
视差距，面对差距，缩小差距，直至最后超越学习的对象。

　　对比国际组织的平等、民主、清廉，以及不可避免的低效，中国的政府治理存在效率有余、公平和合理性不足的问题，而全球化、现代化和深化改革的历史进程为我们向西方学习铺下了垫脚石。以西方为镜，博采众长，方能助力于民族的伟大复兴。彭精博寄语法大的师弟师妹，希望你们能在打好法学、政治学、经济学学科基础的同时加强语言学习，尽可能抓住本科和硕士期间免费对外交流的机会去欧美大学体验学习，并跳出中国留学生封闭的生活圈子，汲取外国的先进文化思想，向更多的欧美人展现中国人积极向上的精神追求和源远流长的文化底蕴，求同存异，在思维和思想的碰撞中成长提高。最后，他期望更多的法大人能走出去，在国际组织能捕捉到越来越多法大人英姿飒爽的风采。

（文/王静）

"法大创业"微信公众号

"法大就业"微信公众号

图书在版编目（ＣＩＰ）数据

职场法大人：法大毕业生职场发展实录/中国政法大学学生就业创业指导服务中心组编.—北京：中国政法大学出版社，2018.11
　ISBN 978-7-5620-8733-5

　Ⅰ.①职… Ⅱ.①中… Ⅲ.①中国政法大学－毕业生－职业选择－概况 Ⅳ.①G647.38

中国版本图书馆 CIP 数据核字(2018)第 280230 号

出 版 者	中国政法大学出版社
地　　址	北京市海淀区西土城路 25 号
邮寄地址	北京 100088 信箱 8034 分箱　邮编 100088
网　　址	http://www.cuplpress.com（网络实名：中国政法大学出版社）
电　　话	010-58908285(总编室) 58908433（编辑部） 58908334(邮购部)
承　　印	固安华明印业有限公司
开　　本	880mm×1230mm　1/32
印　　张	7.75
字　　数	180 千字
版　　次	2018 年 11 月第 1 版
印　　次	2018 年 11 月第 1 次印刷
定　　价	32.00 元